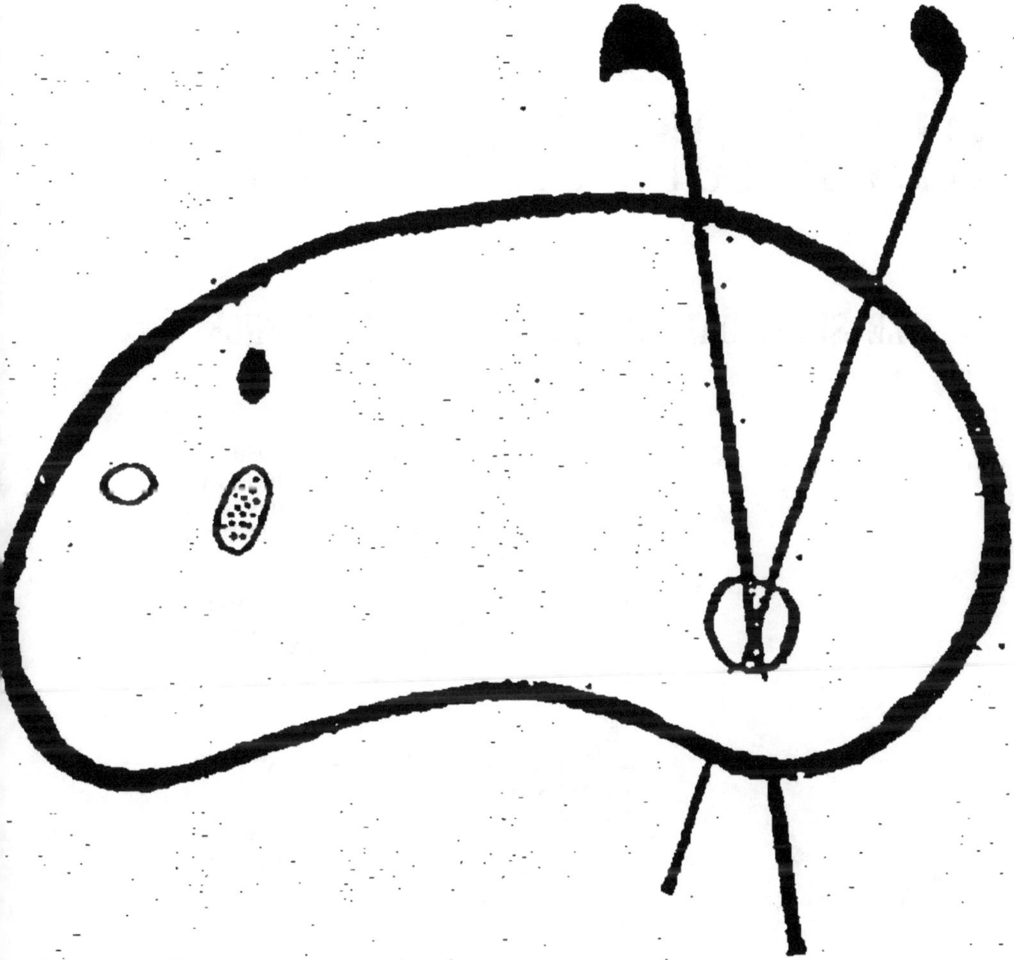

DEBUT D'UNE SERIE DE DOCUMENTS
EN COULEUR

P. POULIN

LA
RELIGION SANS CULTE

ou

LE SPIRITUALISME BASÉ SUR LA SCIENCE

« Quand une chose peut être de deux manières, elle est presque toujours de la manière qui paraît la moins naturelle. »

FRANÇOIS ARAGO.
(Cours d'astronomie du Conservatoire, leçon du 18 mai 1841.)

PARIS	POITIERS
BIBLIOTHÈQUE EUROPÉENNE	BLANCHIER, LIBRAIRE
2 bis, RUE DES ÉCOLES, 2 bis	25, RUE SAINT-PORCHAIRE, 25

1885

Tous droits réservés.

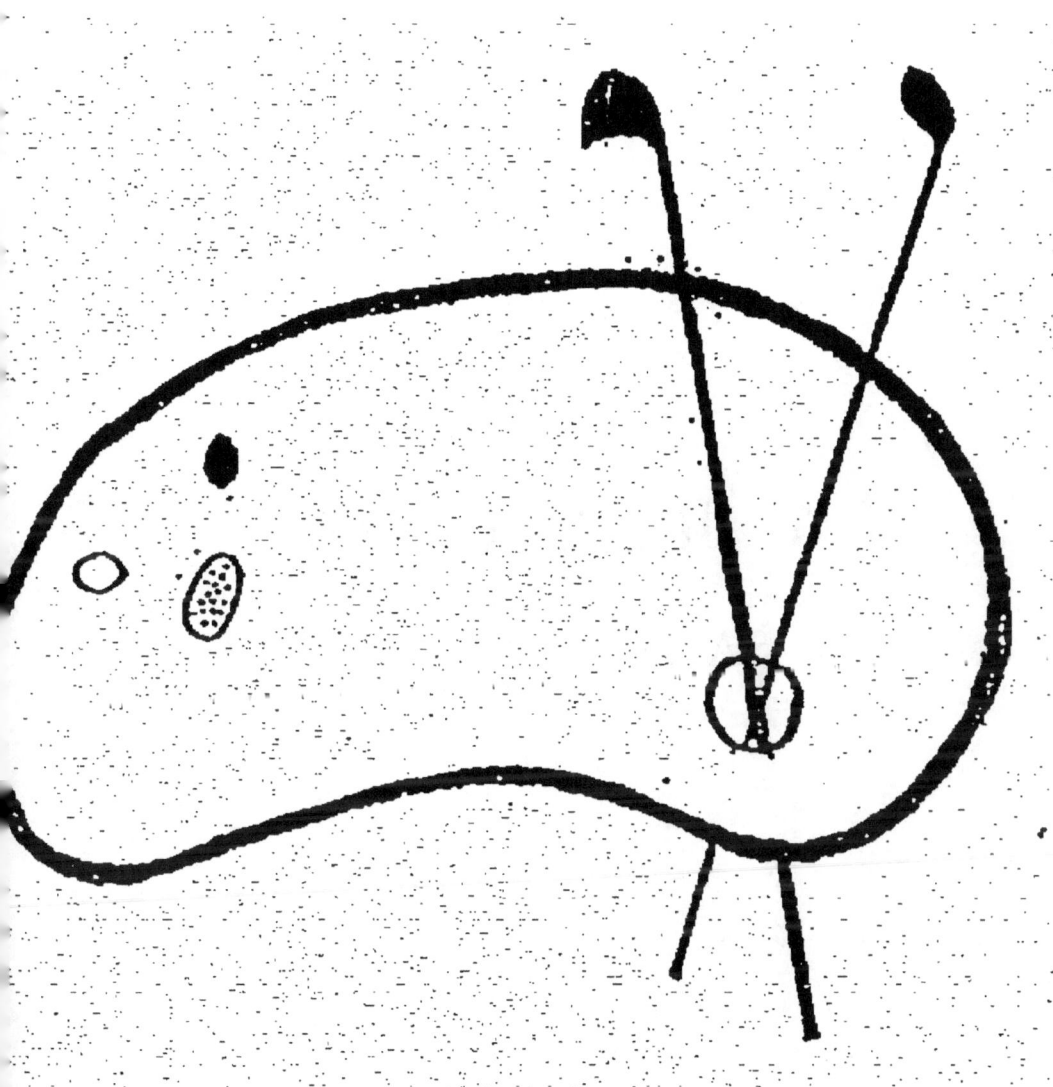

FIN D'UNE SERIE DE DOCUMENTS
EN COULEUR

LA RELIGION

SANS CULTE

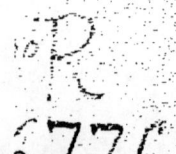

P. POULIN

LA
RELIGION SANS CULTE

ou

LE SPIRITUALISME BASÉ SUR LA SCIENCE

« Quand une chose peut être de deux manières, elle est presque toujours de la manière qui paraît la moins naturelle. »

FRANÇOIS ARAGO.
(Cours d'astronomie du Conservatoire, leçon du 18 mai 1841.)

PARIS	POITIERS
BIBLIOTHÈQUE EUROPÉENNE	BLANCHIER, LIBRAIRE
2 bis, RUE DES ÉCOLES, 2 bis	25, RUE SAINT-PORCHAIRE, 25

1885

Tous droits réservés.

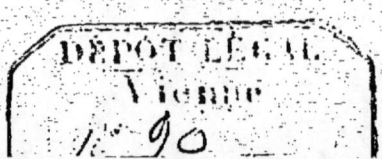

INTRODUCTION

Ce n'est pas à une époque de libre-parler, comme la nôtre, que les détracteurs pourraient manquer à la religion : Y eut-il jamais, dit celui-ci, de religion sans prêtres? Or les prêtres, ces éternels auxiliaires des despotes, n'ont-ils pas toujours fait parler Dieu, comme l'a voulu la politique? — Quel fut de tout temps, dit celui-là, l'objet essentiel des religions, sinon de légitimer les usurpations propriétaires, en faisant descendre du ciel des ensembles de lois, dont l'esprit est partout de favoriser le riche contre le pauvre, celui qui a contre celui qui n'a pas? — C'est à la religion, dit un autre, qu'on fait honneur de nos meilleurs sentiments d'humanité et de charité; mais si la religion prêche aux riches, pour l'adoucissement des misères du pauvre, la pitié et la bienfaisance, ne prêche-t-elle pas aux pauvres, pour l'éternisation de la domination des riches, la patience et la résignation?

Contre ces récriminations et d'autres analogues, je ne me donne pas mission de protester, et je me rends même facilement compte du succès de la campagne ouverte et menée dans ces derniers temps, par le gouvernement lui-même, contre l'idée religieuse; je m'explique également sans peine la faveur dont jouissent les absurdités matérialistes; elles la doivent à celle dont ont si longtemps joui les absurdités religieuses : qu'est-ce que la ferveur de la foi matérialiste actuelle, sinon une réaction toute naturelle contre la ferveur de la foi religieuse d'un autre temps?

Mais je me dis aussi que la religion scientifique, s'il n'impliquait pas qu'elle eût été possible à la naissance des sociétés, n'y eût été d'aucune utilité, faute d'intelligences cultivées, à qui elle fût accessible; j'ajoute d'autre part que, quels qu'aient pu être les crimes publics ou privés qu'on reproche aux religions, c'est pourtant par les religions, sans lesquelles la morale n'eût pas eu de base, que les sociétés ont vécu.

Et si l'on voulait bien considérer avec nous, qu'il est dans la vie de l'humanité de trop longues périodes de ténèbres universelles, durant lesquelles l'oppression du peuple étant de nécessité sociale, il faut absolument, pour transformer la force en droit, empêcher, par n'importe quels moyens, les masses d'examiner; si l'on songeait, dis-je, que la vie de tous, pauvres et riches, est, dans de pareilles conjonctures, au prix d'une compression impitoyable, d'une exploitation à merci et miséricorde, au prix même des plus terribles supplices, dont marche escortée toute inquisition dominante : ne serait-ce pas assez de ces simples réflexions, pour faire tomber ces fureurs de fanatisme irréligieux, que nous voyons éclater de toute part, si inopportunément ?

Est-ce à dire que nous devions nous efforcer de relever la foi ? Non certes ; elle est morte, bien morte, et nulle main n'aura désormais puissance de rallumer les bûchers avec lesquels elle s'est éteinte. Mais de ce que l'examen, dont les lumières font évanouir les croyances, comme de vaines ombres, est désormais incompressible, nous ne voyons pas qu'on doive en conclure que la religion a fait son temps ; ce qu'il convient seulement de reconnaître, en constatant la difficulté de vivre et l'état d'agonie de nos sociétés à bout de voie, c'est que le temps est venu où il faut qu'à la religion par la foi, succède la religion par la science.

Malheureusement ce n'est guère en tenant un pareil langage qu'on a chance d'être entendu. A peine autrefois se hasardait-on, dans le monde éclairé, à désigner tout doucement « la religion et la science comme deux champs distincts de l'intelligence ». Aujourd'hui, c'est sur les toits que ceux qui ont l'oreille de la foule proclament l'antagonisme absolu de ces deux objets de nos études ; c'est sur les toits, et au nom même de la morale, qu'on proscrit absolument la religion. Écoutez plutôt un publiciste, qui fut l'esprit le plus éminent de ce siècle :

« L'homme, dit Proudhon, qui n'a de vertu privée, de fidélité aux engagements, que par crainte de Dieu, au lieu d'être un saint, est un scélérat. »

« La morale, ajoute-t-il, n'a de sanction qu'elle-même, et serait immorale, si elle tirait d'ailleurs son principe et sa fin. »

Et que d'autorités Proudhon n'aurait-il pas pu invoquer, si la sienne toute seule ne lui eût paru suffisante ! Est-ce qu'un illustre personnage, que ses talents portèrent aux plus hautes dignités de l'État, qui fut ministre de l'instruction publique, grand-maître de l'Université, pair du royaume, etc., est-ce que le philosophe Cousin ne professait pas « qu'une intention n'est moralement bonne, qu'autant qu'elle est désintéressée, et qu'on ne saurait tenir pour désintéressées des intentions où il y a un retour personnel, pour avoir des récompenses sur la terre ou dans le ciel ? »

Voilà donc un point bien établi parmi tout ce que le matérialisme a produit de moralistes sentimentaux : celui-là ne mérite jamais la qualification d'honnête homme, qui attend un autre prix de ses meilleures et de ses plus belles actions, que la satisfaction attachée au sentiment du devoir accompli. — Et pourquoi même parler de ce mobile ? Ce que je voudrais, pour la logique des partisans *de la morale indépendante*, ce serait qu'ils pussent se transformer à ce point, que leur état intérieur fût toujours au rebours de la moralité de leurs actes : un remords, quand ils feraient bien, un épanouissement du cœur, quand ils auraient réussi dans l'exécution de quelque mauvais dessein. Alors seulement chez ceux qui s'obstineraient au dévouement, il y aurait réellement désintéressement absolu.

Ce serait donc très logiquement, très conséquemment à leurs principes, que, au lieu d'exalter, comme ils font, la joie des consciences honnêtes, pour en substituer le mobile à celui de la religion, nos curieux philosophes s'attacheraient à faire voir tout ce que cette joie a de dérisoire, comme compensation des malheurs qu'on s'attire si souvent, quand on veut n'avoir à se reprocher aucune capitulation de conscience : c'est précisément pour cela, diraient-ils en concluant, c'est parce que la misère et la désolation sont ses compagnes ordinaires, que la vertu est méritoire.

Notre plaisanterie, toutefois, a peut-être duré trop longtemps ; aussi est-ce très sérieusement que nous donnons maintenant satisfaction à nos adversaires, en déclarant que, quelque contentement qu'on éprouve à bien faire, il y a bien réellement désintéressement absolu, là où on ne se lasse pas de travailler, quoiqu'on n'ait jamais aucun salaire à recevoir, c'est-à-dire là où le dévouement n'a pas besoin d'être stimulé par l'espoir qu'un jour doit venir où, après avoir rendu tant de services à ses frères, on se trouvera s'être rendu service à soi-même. Mais c'est précisément parce que telles sont les conditions du désintéressement absolu, qu'il n'est rien de plus absurde que l'idée d'un pareil désintéressement.

« Quand j'agis, dit Rousseau, ne faut-il pas que j'aie un motif pour agir ; et si ce motif pouvait être étranger à moi, qu'il met en œuvre, ne serais-je pas un autre que moi ? »

Ainsi parlait celui qui a été appelé l'*homme-sentiment*, et l'on voit que le sentiment chez lui ne faisait pas taire la raison.

Oui, tout raisonnement est un rapport à soi, et comme on ne fait rien qu'on ne raisonne, c'est à soi qu'on rapporte tout. Le contraire de cela ne se concevrait, que s'il était concevable qu'on pût vivre absent de soi-même.

On s'aime nécessairement soi-même ; et, quoique ce soit trop souvent sans avoir de rivaux, encore ne peut-on pas ne pas s'aimer. Puis, comme c'est une conséquence de l'amour de soi qu'on se préfère aux autres, c'est une conséquence de cette préférence que, si tout finit avec cette vie, on saisisse avec empressement toute occasion de faire à autrui tout le mal dont on espère tirer pour soi quelque avantage. La raison le veut, et elle veut de même que, si par tempérament on répugne au mal et l'on incline au bien, on combatte énergiquement ces fâcheuses dispositions, comme des préjugés et des faiblesses, pour accomplir ensuite, en parfaite tranquillité d'esprit, tous les mauvais actes où l'on trouve un profit quelconque.

Or, si c'est là ce que veut la raison, et que la morale conseille autre chose, quelle autorité peut avoir la morale qui est en opposition avec la raison ? Conçoit-on que la vertu ait pour base la démence ou l'idiotisme ?

Il est heureusement un cas, mais un seul, où l'on n'a qu'à gagner à se faire du mal à soi-même pour faire du bien aux autres, à s'immoler même, en toute occasion, au bonheur d'autrui ; c'est-à-dire où la raison et la morale, dans un parfait accord, veulent qu'on agisse toujours comme si l'on préférait tout le monde à soi, comme si l'on ne détestait rien tant que soi : c'est lorsque, assuré de la sanction religieuse, on sait qu'on se ménage par là, dans une vie ultérieure, un bonheur en rapport avec les sacrifices qu'actuellement on s'impose.

Il n'est pas d'actions désintéressées : dans l'objet le plus tendrement aimé, c'est encore soi que l'on aime ; le principe du dévouement est encore l'amour de soi. Seulement il est pour l'homme religieux deux mobiles différents : celui de son intérêt actuel et celui de son intérêt ultra-vital ; et c'est ce dernier qui l'emporte toujours, quand on raisonne bien : à quoi nous sert-il de nous tourmenter pour notre sort actuel, qui se trouve toujours déterminé par des actes de nos vies antérieures ? Ce qui seulement dépend toujours de nous, uniquement de nous, c'est de nous assurer, au delà de la vie présente, le plus complet bonheur que comporte notre nature.

Maintenant je veux supposer que j'ai jusqu'ici mal raisonné ; et, m'inclinant un moment avec respect devant l'infaillibilité supposée d'une papauté défunte, je change de style : Pourquoi, m'écrié-je, s'extasier, comme on fait, devant les vertus d'un saint Augustin, d'un saint Vincent de Paul, et de ceux qui, à leur exemple, se rendant maîtres de leurs passions, restent inébranlablement fidèles à la loi d'amour et de charité ? Le mobile de cette conduite qu'on admire, est-il autre chose que la perspective de la place qu'on veut s'assurer dans le ciel, à la droite du tout-puissant ? Or, si ces vues intéressées ne comportent aucun mérite réel, Proudhon a-t-il donc eu tort de ne voir dans les saints les plus honorés que des *scélérats ?*

Mais, en échange de la concession que je viens de faire aux matérialistes, il en est une autre que j'ai le droit de leur demander : c'est de reconnaître qu'une *scélératesse*, comme celle d'un saint Augustin ou d'un saint Vincent de Paul, laquelle ne saurait se généraliser, sans provoquer et entretenir partout, entre les hommes, une ardente émulation de dévouement, ne laisserait pas, toute scélératesse qu'elle serait, de contribuer dans une certaine mesure au bonheur de l'humanité! Que l'on m'accorde cela seulement, et je suis satisfait.

De ce moment, en effet, comment, ayant toujours appelé de tous mes vœux une grande révolution, qui serait la dernière, parce qu'elle ne laisserait plus de réformes à faire, ne serait-ce pas de la religion, et non, comme tant d'autres, de l'esprit révolutionnaire, libre de toute entrave religieuse, que j'attendrais la transformation morale, sans laquelle la rénovation sociale est impossible?

Mais la religion, qui doit changer la face du monde, ne saurait être une simple croyance. Ce serait donc pour néant, quand l'examen cesserait par miracle d'être incompressible, que la foi renaîtrait; seule la certitude peut nous donner le courage et la constance dont nous aurons bientôt besoin. La question religieuse, d'ailleurs, dans l'état actuel des connaissances, peut-elle être autre chose qu'une question scientifique? Or cette question, en quelques mots la voici :

La série dite *continue des êtres*, qui est la base scientifique du matérialisme, est-elle ou n'est-elle pas réellement, absolument continue, c'est-à-dire continue jusqu'à l'homme tout entier, physique et moral, inclusivement?

Si *oui*, le matérialisme est évidemment à l'état de démonstration ; c'est ce qui résulte de ce fait incontesté et incontestable, que les animaux ne sont que matière.

Si *non*, c'est-à-dire s'il est entre l'homme et les bêtes une différence essentielle qui, autrement inexplicable, implique nécessairement l'absence de toute sensibilité au-dessous de l'homme, même chez les animaux supérieurs organisés comme l'homme, alors la sensibilité n'est pas un résultat de l'organisation, et ce qui se trouve *ipso facto* scientifiquement démontré, ce n'est plus le matérialisme cher à la science, c'est le principe opposé, dont l'idée lui est odieuse. Et c'est à la science, si hostile à la religion, que nous devons de donner à la religion une base inébranlable.

Toute la tâche du spiritualiste désormais, et la nôtre ici, est une simple constatation de la différence par laquelle l'homme, comme être moral, se trouve en dehors de la *série*, dont il est, au physique, le terme supérieur, le point culminant.

LA
RELIGION SANS CULTE

PREMIÈRE PARTIE

Le monde physique.

Comment la condition essentielle de la connaissance du monde moral, c'est la connaissance préalable du monde physique.

On sait dans quelle étrange aberration étaient tombés deux hommes de génie, à une époque où la définition de la matière, qui avait cours, excluait du monde physique tout ce qui, n'ayant pas les trois dimensions, ne peut être compris dans ce qu'on appelle les corps.

Descartes, alors, niait tout net l'attraction à distance : si elle existait, disait-il, elle serait immatérielle, n'étant pas un corps; or il n'y a d'immatériel que les âmes.

Newton, vers le même temps, avec autant de douceur que de bonhomie, déclarait n'avoir aucune envie de faire le procès à ceux qui tenaient pour immatérielles la lumière et la chaleur. Je n'ai rien, disait-il, à leur objecter : *Nihil omnino disputo*.

Ces deux exemples nous font assez voir l'impossibilité où l'on est de parler pertinemment de l'immatérialité, quand on ignore ce que c'est que la matière.

Ce qu'implique, en effet, l'opposition essentielle que nous supposons entre la nature de la sensibilité ou de l'âme, et celle de la matière, n'est-ce pas que la connaissance de celle-là est subordonnée à la connaissance de celle-ci? Comment dirait-on, par exemple, que l'essence de l'immatérialité est l'indivisibilité, si l'on ne savait auparavant que la matière est essentiellement divisible?

Voilà pourquoi, avant d'aborder la question de monde moral, nous devons exposer au moins ici ce que la science nous apprend de certaines lois du monde physique.

S'il peut n'y avoir que monde physique.

Moi et *non-moi, sujet* et *objet*, comme on disait autrefois, ou plus brièvement et plus clairement : *êtres sensiblables* et *phénomènes sensiblants*; voilà tout ce qui existe, et, par conséquent, tout ce qui peut être pour nous objet d'étude et de connaissance.

Mais, en parlant ainsi, nous supposons l'existence de deux natures différentes. Or, ne se peut-il pas qu'il n'y en ait qu'une, et que ce qui sent soit le même que ce qui fait sentir? Non; car l'hypothèse implique la possibilité du sentir sans quelqu'un qui sente, ou bien la possibilité de la production de *l'un* par *le multiple* : deux concepts également absurdes.

Définition de la matière : comment l'essence de la matière est le mouvement.

Le dualisme admis, la matière se trouve bien définie : tout ce qui modifie le sentiment que nous avons de notre existence.

Mais, comme cette modification n'a lieu que par la mise en mouvement de *nos* sens (comme on dit, quoiqu'il n'y en ait réellement *qu'un*), modificateurs directs de notre sensibilité, et qu'à tout ce qui met en mouvement, abstraction faite de l'action de l'immatérialité sur l'organisme auquel elle est unie, nous donnons le nom de force; matière et force sont évidemment des expressions absolument synonymes.

Il est vrai que la matière reçoit un nom différent, selon qu'elle est considérée comme cause ou comme effet : dans le premier cas, elle s'appelle *force;* dans le second, *mouvement*. Mais comme dans la matière tout est successivement cause et effet, nous trouvons toujours que ce qui est l'essence de la matière, ce n'est pas *l'inertie,* comme on l'a dit si longtemps, c'est le mouvement.

Éternité de la matière et temporalité de toute chose matérielle.

I. — La matière est éternelle ; il faut se hâter de le reconnaître, ou répudier l'axiome : *Ex nihilo nihil.* Car si l'on admet qu'*un temps* a été où il n'y avait rien, ne faut-il pas admettre que *plus tard,* lorsque, par l'efficace d'une volonté toute puissante, il y a eu quelque chose, ce quelque chose, éclos à même le néant, s'est trouvé fait de rien ? C'est précisément en cela, il est vrai, que consiste la création; mais création et anéantissement sont deux idées qu'on ne prend plus la peine de combattre. *Ex nihilo nihil fit; nihil ad nihilum revertitur :* rien ne vient de rien, rien ne retourne à rien.

II. — La matière, disons-nous, est éternelle; mais ce que nous qualifions ainsi, c'est la matière prise dans son ensemble, et il faut changer de langage quand *on divise;* alors ce n'est plus que temporalité et phénoménalité que partout il faut dire. Donc la matière est éternelle, et il n'est rien dans la matière qui ne naisse et ne meure. Tout y a un commencement, une durée et une fin ; nous disons tout : les sphères immenses et sans nombre qui roulent dans l'espace, aussi bien que le chétif insecte qui, né le matin, s'éteint le soir, avec les derniers rayons du soleil qui l'a fait éclore.

A chaque instant, il naît et il meurt des mondes; à chaque instant, des soleils s'éteignent et d'autres s'allument, et il n'en est pas moins absurde de parler de *création* continue. Arago s'exprimait donc en poète, quand il disait que *l'architecte est encore à l'œuvre.* Ce langage anthropomorphique n'était qu'une belle métaphore. L'ensemble que forment les mondes dans leurs différentes phases d'existence, les uns en formation, les autres à leur apogée, les autres à leur déclin; cet ensemble, qui n'implique réellement pas de *succession*, n'appartient pas *au temps :* c'est l'univers éternel dans son éternel fonctionnement.

Comment la matière est par essence force attractive et force répulsive.

Personne n'ignore aujourd'hui que l'essence des corps est de s'attirer en raison directe des masses, et inverse du carré des distances. Donc, comme l'essence des globes, dans notre système solaire, est de tendre vers le soleil, l'essence des corps, sur notre globe, est de tendre vers le centre de la terre.

Telle est la loi de ce qu'on appelle la *gravitation* ou l'attraction universelle, et nous devons nous hâter d'ajouter qu'il est quelque chose de non moins nécessaire dans la constitution de l'univers que l'attraction : c'est la répulsion. S'il n'y avait, comme on l'a dit, que force attractive ou centripète, l'univers se concentrerait bientôt dans le point mathématique, dans le néant ; et il disparaîtrait de même, mais par une cause opposée, s'il n'y avait que force répulsive : en s'évanouissant alors dans le vide absolu.

Aussi n'est-ce que par l'équilibre de la force attractive et de la force répulsive que les corps peuvent exister. Tout corps est un composé de ces deux forces opposées, dans lequel la force attractive domine.

Et la loi générale de la combinaison des forces est que, selon que l'attractive l'emporte sur la répulsive, ou que les deux se font équilibre, ou que la seconde est en prédominance sur la première, les résultats sont des solides, des liquides ou des gaz.

De tout ce que nous venons de dire, il résulte que ce

n'est pas des corps, comme on se l'imagine communément, que se dégagent les forces ; mais qu'au contraire ce sont les forces qui donnent naissance aux corps. Et voici à cet égard les propres paroles du savant Krause, cité par Kant : « Les corps, dit Krause, ne sont pas des substances douées de force attractive et de force répulsive ; ce sont seulement des phénomènes résultant eux-mêmes des combinaisons de ces forces. »

Par où l'on voit combien, pour un savant qui sait, il est de savants qui ne savent pas.

Comment il y a matière corporelle et matière incorporelle.

Matière et force sont, nous l'avons dit, des expressions synonymes ; et il n'y a d'éléments des choses que les forces.

Nous avons vu aussi que, selon que dans la combinaison des forces il y a, par la prédominance de la force centripète ou de la force centrifuge, tendance vers le centre ou tendance vers la circonférence, la matière est gravitante et il y a corps, ou elle est rayonnante et la formation des corps y est impossible.

Les corps ne sont donc que des forces corporifiées ; or, que les forces se corporifient ou qu'elles demeurent à leur pur état de forces, leur essence n'est-elle pas, dans un cas comme dans l'autre, la matérialité ?

Celui-là nous paraîtrait assurément un étrange logicien, qui, après avoir constaté que tout ce dont l'essence est de tendre vers le centre est corporel, en conclurait allègrement que tout ce dont l'essence est de tendre vers la circonférence est nécessairement *immatériel*. Pourquoi immatériel ? Ce n'est que de la corporéité que nous cherchons l'opposé ; et que serait-il, sinon l'incorporéité ? Voilà donc le mystère dévoilé : il y a matière corporelle et matière incorporelle.

Quelle est la véritable acception du mot substance ?

Le mot substance, d'après son étymologie latine, *sub stare*, ne désigne évidemment que la réalité cachée sous le phénomène, c'est-à-dire l'immatérialité enveloppée de l'organisme. Si telle n'était pas l'acception reçue du mot substance, est-ce que Voltaire, — nous n'invoquons d'ailleurs ici que l'autorité d'écrivain du commentateur de Corneille et de l'enthousiaste admirateur de Racine, — aurait dit quelque part : « Que la question est de savoir si l'âme est *substance* ou *qualité* ? » Par l'opposition ainsi établie entre deux mots, dont l'un exprime la caractéristique de la matière, le sens de l'autre n'est-il pas assez clairement déterminé ?

D'après Hobbes, il est vrai, « substance est synonyme de matière et substance immatérielle synonyme de non-sens. » C'est que, pour Hobbes comme pour d'autres dont nous aurons à parler, il n'y a que des *faits* et non des *êtres*; et c'est là qu'est le *non-sens*. Mais, malgré son déplorable pléonasme, l'expression « substance immatérielle » est au fond irréprochable, car elle implique, contrairement à la *substance-matière* de Hobbes, qu'il y a lieu de distinguer entre *quelqu'un* et *quelque chose*.

Nous avons toutefois à signaler une absurdité qui ne le cède en rien à celle de la synonymie, proclamée par Hobbes, des mots «matière et substance»; c'est l'application du mot substance à la matière aussi bien qu'à l'immatérialité ; d'où les expressions, si fort en usage chez une foule de philosophes : *substance matérielle* et *substance immatérielle*. N'est-ce pas, en donnant la même dénomination à des principes opposés, leur ôter toute essence? En effet, si pour nous l'essence du cercle est la rondeur, que serait-elle chez ceux qui admettraient aussi des cercles carrés? Or la *matière substance* de Hobbes, vaut-elle mieux que le cercle carré d'un idiot ou d'un fou?

Substance, âme, immatérialité, unité sont des mots synonymes. Mais nous aurons à démontrer la réalité de ce qu'ils expriment.

Non-existence du contact.

A quel titre la matière serait-elle la seule réalité? Cette idée nous paraît difficile à concilier avec ce fait scientifique : qu'il n'y a pas dans la nature de contact.

« Dans ce qu'on appelle frottement, dit Libri, les parties prétendues touchantes sont au-dessus d'un plan, et les parties prétendues touchées sont au-dessous. » Le savant Libri dit bien, mais il ne dit pas assez, car les molécules d'un même corps n'adhèrent pas plus que ne font deux corps différents, quelque moyen qu'on emploie pour les rapprocher.

Et voici l'argument bien simple et bien facile à comprendre, par lequel se démontre la non-réalité du contact :

C'est un effet de la chaleur de dilater les corps, qui ainsi augmentent de volume; par le froid, au contraire, tout corps se resserre, et son volume en conséquence diminue. Or, il n'est pas de froid absolu. Donc, quelque basse que soit la température, elle peut encore baisser; ce qui est dire que, quelque contracté que soit un corps, il est susceptible d'une plus grande contraction encore ; et c'est ce qui serait évidemment impossible, si les molécules n'étaient pas toujours plus ou moins distantes les unes des autres, s'il n'y avait pas toujours entre elles un intervalle.

Le contact n'existe donc pas ; donc toute force agit à distance.

Nous ne trouvons au raisonnement ci-dessus d'autre tort que d'être inutile pour quiconque n'oublie pas que la matière se compose par essence de deux forces opposées : n'est-ce pas, en effet, une idée contradictoire, que celle de l'adhérence de deux forces qui s'excluent ?

Mais s'il n'y a pas de contact, qu'y a-t-il? Toute chose matérielle est-elle rien de plus qu'une apparence, une illusion?

Matérialité et automatisme de la vie.

Où sont les philosophes qui, constatant chez un animal les mouvements de locomotion et autres que nécessite sa vie de relation, hésitent le moins du monde à les attribuer à une volonté, à une intelligence? On consent bien à ne pas faire dépendre de la volonté de l'animal la circulation de son sang et la digestion de son estomac; mais qu'un animal soit un automate, si seulement *il mange tout seul*, c'est-à-dire s'il prend sa nourriture! C'est ce que, même sous les peines les plus graves, on ne nous accordera jamais.

Pour les transformistes, anthropologistes et autres matérialistes, l'intelligence est la condition de la vie, ou mieux intelligence et vie sont des expressions synonymes. Aussi, dans leurs diatribes contre Descartes, n'est-ce pas d'une manière déterminée, précise et exclusive, *la sensibilité*, qu'ils lui reprochent de refuser aux animaux; ils disent à volonté vie et sensibilité, comme si, dans la circonstance, les deux expressions pouvaient être employées indifféremment l'une pour l'autre.

Ainsi l'animal ne fonctionnerait jamais; il agirait toujours; la volonté présiderait à tous ses actes; il aurait toujours un mobile intellectuel; et si c'est seulement dans les rangs élevés de l'animalité que brillerait la vertu, au moins le mobile de l'être le plus rudimentaire serait-il encore l'amour de soi, le soin de sa conservation.

Le malheur de ces savants matérialistes est de se trouver en complet désaccord avec la science, qui est pourtant matérialiste comme eux; car refuser, comme fait celle-ci, toute volonté, toute intelligence à des espèces animales sans nombre, voire à l'abeille et à la fourmi: n'est-ce pas, en séparant si nettement de la vie la sensibilité qui est le principe de l'intelligence, reconnaître expressément l'automatisme de la vie?

Nous ne sommes donc pas en opposition de principe avec la science, quand nous définissons l'organisme une machine naturelle, fonctionnant, par les éternelles lois de la matière, comme il est nécessaire pour sa propre conservation ; et nous irons plus loin encore, sans nous séparer de la science :

Bichat ne lui était certainement pas infidèle, qui définissait la vie « l'ensemble des forces qui résistent à la mort ». Donc, la vie n'est que force ; et puisque la matière n'est que force, la vie est partout, dans le monde organique et dans le monde inorganique, entre lesquels, d'ailleurs, il n'y a pas de séparation absolue, comme nous le verrons tout à l'heure. Ainsi la matérialité de la vie implique son universalité.

Formation de la terre et génération des êtres parus à sa surface.

Le monde que nous habitons a été primitivement à l'état de fluidité ignée. C'est là une vérité depuis longtemps acquise à la science.

Ce n'est pas toutefois notre affaire d'exposer ici dans quelles conditions de refroidissement a dû se trouver la masse incandescente, pour se revêtir peu à peu de l'enveloppe solide où elle ne fait plus actuellement qu'entretenir, avec le concours du soleil, la température nécessaire à la vie. Nous ne nous demanderons pas davantage ce qu'ont dû coûter de temps à la nature les différentes phases de la formation du globe. Nul doute que ce ne soit par millions d'années qu'il faille compter, quand on se livre aux calculs vertigineux qu'exigent de pareilles recherches. Peut-être même les unités de millions y sont-elles des quantités négligeables. Quoi qu'il en doive être, nous pouvons, sur ce point, refréner notre curiosité. Le fait qu'il nous importe seulement de connaître et sur quoi nous sommes fixés, c'est qu'aussitôt que la vie a été possible sur la terre, toutes les organisations : celles dont il ne nous reste que les fossiles, comme les autres actuellement existantes autour de nous, ont commencé à y apparaître successivement et progressivement, je veux dire dans l'ordre de leur complication, selon que le comportaient les différents états des milieux.

Nous ne saurions admettre que l'apparition des êtres qui peuplent notre globe ait été simultanée : ce serait dire que le travail de la nature, nécessaire pour la production d'un mammifère, était le même que celui qui suffisait à la production d'un insecte; et tomber ainsi de la science dans le miracle.

Il nous faut, pour les premiers êtres vivants, une loi de progression, et cette loi est celle même de leur universelle parenté.

Pourquoi la deuxième organisation dut-elle être nécessairement en progrès sur la première ? Parce que les mêmes circonstances, d'où elles étaient résultées l'une et l'autre, se trouvaient accrues, pour la seconde, de l'action génératrice de la première, et que, par conséquent, il était entré un élément de plus dans la production de celle-là que dans la production de celle-ci ; or, il faut bien que là où les causes sont plus nombreuses l'effet soit plus complexe.

C'est ainsi que la dernière organisation produite était toujours dans les mains de la nature, pour une organisation prochaine, un instrument à ajouter à ceux qui lui avaient servi pour les organisations précédentes.

Telle fut la loi de l'émergence ascendante des êtres. Nous ne disons pas, toutefois, qu'à un point avancé de la série d'autres causes d'avancement : les croisements, le transformisme, etc., ne furent pas nécessaires. Mais ces causes n'étaient que des conséquences ou des auxiliaires de la loi que nous venons d'exposer.

Puis, comme la succession et la progression des êtres dans leur principe sont deux idées qui s'impliquent, ces deux idées impliquent de même que, quelque différence qu'il y ait entre la première organisation et la dix-millième, une séparation absolue entre elles est pourtant impossible, car la dix-millième étant la très arrière-petite-fille, mais la petite-fille pourtant de la première, comment, avec une origine et une essence communes, seraient-elles absolument séparées ?

Série continue des êtres.

I. — Cette concaténation et cette progression des êtres, que nous constatons et dont nous donnons la loi, constituent ce qu'on appelle *la série continue;* et c'est à cette grande découverte qu'est dû le plus intéressant travail scientifique de notre époque, je veux dire cette immense nomenclature qui, plaçant chaque être à côté de celui avec lequel il a le plus d'analogie, le plus de propriétés communes, nous permet, selon que nous montons ou descendons l'échelle, d'aller, par gradations insensibles, du cristal jusqu'à l'organisme humain, ou de l'organisme humain jusqu'au cristal.

II. — Nous n'allons pas, en ce moment, examiner si la série est absolument continue, c'est-à-dire continue jusqu'à l'homme tout entier inclusivement. Telle est la grande question à résoudre, et elle aura ici sa solution. Pour l'heure, notre tâche n'est que d'étudier la série, abstraction faite de l'homme, et comme, même ainsi réduite, la question offre encore un grand intérêt, nous nous déclarons en faute si, dans notre désir de mieux faire sentir le fait *sériaire*, nous nous sommes exprimé de manière à laisser supposer que le développement successif des êtres a eu lieu sur une seule ligne.

Non, la série n'est pas linéaire, comme l'ont cru à tort quelques hommes d'un mérite supérieur, et entre autres le savant Aug. Comte. Quelque chose, du reste, rend désormais impossible l'erreur où l'on était tombé à cet égard : c'est le développement parallèle de la série zoologique et de la série phytologique, si lumineusement démontré de nos jours par la géologie. Mais, pourvu qu'il y ait eu développement successif, que ce soit sur une ligne ou sur plusieurs, la série n'est-elle pas toujours également continue ? Ne constate-t-on pas toujours entre les êtres une gradation insensible ?

III. — On peut seulement s'étonner, à cet égard, que

la série qui occupe une si grande place dans la science ait été en apparence méconnue de plusieurs savants de premier ordre, de ceux-là mêmes qu'on pourrait appeler les pères de la science. Qu'est-ce, en effet, que les divisions de la nature en diverses catégories d'êtres séparées : soit la division ancienne en règnes minéral, végétal et animal, soit la division moderne en êtres inorganiques et êtres organisés ; sinon des négations implicites de la continuité de la série ? La série existerait-elle, s'il y avait rien qui fût absolument, spécifiquement, exclusivement un minéral, ou un végétal, ou un animal ; s'il était possible de déterminer le point précis où finit un règne et où commence l'autre ? Mais il faut se rendre compte du sentiment qui a inspiré les auteurs des coupes arbitraires que nous signalons ; il n'a pu être que le désir de faciliter l'étude de la science ; et, si le moyen par eux employé à cette fin était le meilleur dont ils pussent s'aviser, ce que nous leur devons, ne sont-ce pas des applaudissements plutôt que des critiques ? Quel danger, d'ailleurs, les procédés d'enseignement dont il s'agit peuvent-ils présenter, quand on est si bien et si universellement fixé sur le fait scientifique, dont ils semblent être une négation ?

IV. — La connaissance de la *série* est relativement de date récente ; mais on a toujours dit que la nature est *diversité* et *unité* ; et ce langage n'est-il pas l'équivalent de l'affirmation de la réalité de la série ?

Nous voudrions bien qu'on nous indiquât des différences entre les êtres, qu'on pût dire essentielles, et où se trouvât un argument contre l'unité de la nature physique, autrement dit contre la continuité de la série : il serait sans doute absurde d'en chercher, puisque l'ordre matériel ne comporte pas de séparation absolue?

On sait que c'est de l'espèce de la cristallisation que dépend le mode d'accroissement ou de développement des êtres, et que, selon que la cristallisation est angulaire ou vésiculaire, l'accroissement ou le développement a lieu, par agrégation ou juxtaposition, ou par intussusception. Dans le premier cas, les êtres sont dits inorganiques, et dans le second, organisés.

Dans tout cela, nous ne trouvons que différences de forme ; mais on appelle vie la propriété qu'ont les corps *organisés* de se développer par intussusception, et l'on dit que la vie appartient exclusivement à l'*organisation*. Or l'attribution de la *vie* aux êtres organisés ne vient-elle pas de ce qu'ils paraissent avoir des mouvements spontanés comme les nôtres ? On aurait donc confondu la vie avec l'intelligence ; de là, pour le vulgaire, entre les êtres ayant vie et ceux à qui la vie manque, une différence essentielle. Mais cette différence n'existe pas pour ceux qui savent que la vie est automatique. Qu'importe, en effet, au sein de l'automatisme, l'inorganisme ou l'organisation ? Là où il n'y a que des machines, est-ce une différence essentielle, que le plus ou moins de complication de ces machines ? Un arbre est-il moins une machine qu'une pierre ? Ce qui ferait une séparation absolue entre les êtres, ce n'est pas d'un côté la vie, de l'autre l'absence de vie : ce serait chez les uns l'automatisme, chez les autres l'intelligence.

v. — Obligé, nous l'avons dit, d'ajourner un peu la solution définitive de la question de la série, qui serait ici prématurée, ce que nous avons hâte d'établir en ce moment, à l'adresse des anthropologistes, c'est que, fussions-nous certains d'avoir eu pour ancêtres des singes anthropoïdes, il n'y aurait encore rien là d'où se pût légitimement conclure la complète matérialité de l'homme, et conséquemment la continuité absolue de la série.

L'homme, par son organisme, c'est-à-dire en tant que matière, est nécessairement soumis aux lois de la matière : il ne peut pas y avoir deux natures physiques, l'une pour l'homme, l'autre pour les animaux.

Donc, c'est une conséquence du transformisme, si transformisme il y a, que l'utérus de quelque espèce simienne ait été le berceau de l'humanité, le moule où se sont informés les premiers organismes humains. Et pourquoi non ?

C'est à cet enfantement de l'homme physique qu'a fini l'œuvre de la nature. Mais nous sommes fondés à vouloir qu'il y ait une espèce intellectuelle, des êtres pensants; puisque autrement le monde, qui n'aurait pas de raison d'être, serait comme s'il n'était pas; et si, après avoir trouvé que la condition de l'intelligence est l'union d'une immatérialité à un organisme, nous constatons chez l'homme cette dualité, qu'y a-t-il là qui offusque le transformisme? Parce que l'homme, comme être physique, fait partie de la série, cela empêche-t-il que ses deux éléments constituants, dont l'ensemble est la condition de son existence morale, le placent en dehors de la série, laquelle ainsi cesse d'être continue?

C'est, ce nous semble, un étrange caprice que de faire dépendre l'union de l'âme à un organisme, de telles conditions particulières de l'origine de cet organisme.

On dirait que les transformistes, prenant un instant en mains, par esprit de contradiction, la cause du spiritualisme, veulent au service de l'âme, si elle ne peut pas penser seule, des organes moins grossiers que les nôtres; des corps aromaux, par exemple, comme en imaginait Fourier, ou au moins des organismes, comme ceux des générations spontanées qui, naissant à même le milieu général, au lieu d'avoir été attachés comme germes à des organisations analogues préexistantes, n'auraient aucun lien de parenté avec le reste de l'animalité?

Si tel n'est pas, et ne peut être, le mobile des transformistes, ils n'ont donc parlé que pour parler : *ne taceretur.*

Physique et métaphysique.

Ce n'est pas sans satisfaction, qu'en traitant des illusions du contact, nous avons fait remarquer au lecteur comment la matière qui est, pour tant de savants, toute la réalité, n'a véritablement aucune réalité; et il ne va pas nous être moins agréable aujourd'hui de signaler la curieuse nécessité où se trouve réduite la science qui compte le plus d'adeptes, de n'avoir pour base de ses théories qu'une hypothèse contradictoire.

Que deviendraient les chimistes, s'ils n'avaient pas au service de leurs démonstrations l'atomisme, qui implique l'existence de particules de matière indivisibles ? Comme si tout ce qui a des parties, quelque divisé qu'il soit, n'était pas toujours essentiellement divisible ! comme si, par conséquent, ce qu'on appelle atome (voire atome élémentaire) ne se composait pas nécessairement de plusieurs atomes !

Quelque gênante pourtant que semble l'objection, les princes de la chimie ne l'accueillent pas de mauvaise grâce : ils ne font aucune difficulté de reconnaître qu'à la vérité, « rien ne répugne plus à l'intelligence que l'idée d'une matérialité indivisible »; mais, ajoutent-ils, « la science ne peut se passer de cette hypothèse. » A la bonne heure !! nous applaudissons à cet aveu dépouillé d'artifice ; et, pour n'être pas avec ces messieurs en reste de franchise, il ne nous en coûte rien de déclarer que, malgré la défectuosité de leur support, la solidité des théories de la chimie auxquelles nous faisons allusion est hors de conteste.

C'est, toutefois, quelque chose d'étrange, qu'une science qui ne se démontre que par des contradictoires et réduit au silence quiconque refuse de raisonner, sans avoir pour point de départ une vérité incontestée. Il n'y a pas d'ailleurs que la chimie que nous puissions prendre à cet égard à partie ; nous n'aurions pas moins beau jeu contre l'infaillibilité des mathématiques, dont le point de départ est l'*unité* supposée réelle, mais qui, n'ayant jamais su ni cherché à savoir s'il existe des unités, ne nous permettent pas seulement d'être sûrs d'exprimer une vérité, quand nous disons : deux et deux font quatre.

Et si la métaphysique, si dédaignée des savants, seule parle sérieusement, en ne parlant que de ce qu'il nous importe de savoir ; si sa logique, point de départ et déductions, est seule rigoureuse et irréprochable ; si seule, exempte des fictions et contradictions en usage ès sciences naturelles ou mathématiques, elle démontre, comme l'indique son nom, l'existence d'unités réelles, sans lesquelles, n'y ayant pas d'êtres réels, tout serait comme s'il n'était pas : ne faut-il pas dire que *le physique* est le phénoménal, l'illusoire, le rien ; et que *le métaphysique* seul est le domaine des réalités ?

DEUXIÈME PARTIE

Le monde moral.

Si la réalité du monde moral a besoin de démonstration.

Le monde moral existe, si nous sommes libres, et nous sommes libres, si nous raisonnons ; car *machine raisonnante* est une idée contradictoire. Or, comment mettre en doute si nous raisonnons, puisque avoir ou émettre un doute, c'est déjà raisonner ?

Et s'il est clair de même que rien ne peut faire question, qu'on ne tienne pour susceptible d'être résolu négativement aussi bien qu'affirmativement; qu'est-ce que mettre en question la réalité du raisonnement, sinon admettre comme possible qu'il soit démontré — ce qui ne se peut faire qu'en raisonnant — que le raisonnement, en réalité, n'existe pas ?

« Le point de départ du scepticisme le plus absolu, a dit un commentateur de Descartes, c'est au moins l'affirmation de soi-même comme être pensant. » Et comme nous sommes aussi d'avis qu'on peut douter de tout, sauf de son raisonnement, nous affirmons avant tout, à l'exemple de Descartes, l'autorité de la conscience.

Mais tout en nous affirmant *a priori* comme êtres pensants, nous n'échappons pas au devoir de chercher quelles sont les conditions auxquelles nous devons de penser. Ce que nous disons seulement, c'est que la certitude que nous avons et que nous ne pouvons pas ne pas avoir de raisonner, nous autorise à rejeter du premier coup tout ce qui implique la négation du raisonnement. Et comme toutes les opinions qui ont eu cours sur ces matières sont inconciliables avec l'existence du raisonnement réel, la première chose à conclure de ce qu'il est certain que nous raisonnons, c'est qu'il est certain que l'humanité tout entière a toujours et constamment déraisonné.

LEÇON I

Elimination nécessaire, au nom de la nécessité incontestable du raisonnement, de toute idée matérialiste ou anthropomorphiste.

I. — Le raisonnement ne saurait se concevoir que chez un être libre. Il implique évidemment qu'une machine raisonne. Donc, la matière n'ayant que des lois mécaniques, l'ordre matériel étant exclusivement l'ordre de *nécessité*, le raisonnement, s'il n'y a que matière, est nécessairement illusoire.

En vain nous objecte-t-on que, pour être fondé à nier que nous puissions raisonner, si nous ne sommes que matière, il faudrait auparavant s'assurer de connaître toutes les propriétés de la matière. Notre réponse, sans réplique à cette ridicule objection est que, si nous ne connaissons pas toutes les propriétés de la matière, il est une chose au moins que nous connaissons bien, à savoir : que la matière n'a que des *propriétés*, c'est-à-dire des *nécessités*, et non des *facultés*.

Nous avons donc eu raison de dire que nous ne sommes que des machines, s'il n'y a en nous que matière.

II. — Mais nous ne sommes que des machines encore s'il existe un Dieu créateur, puisque alors nous ne sommes que des vases dont il est le potier, ou, si vous l'aimez mieux, que des *montres* et des *pendules* sorties de ses grands ateliers d'horlogerie. Personne ne pense, sans doute, que, après les habiles horlogers que nous voyons, il en surgira d'autres plus habiles encore, pour qui ce ne sera qu'un jeu de faire des horloges indiquant librement, volontairement l'heure. Or, que veut dire cela, sinon que tout ce qui est fait est machine, que tout ce qui, au lieu d'exister de soi, éternellement, a un auteur, ne saurait qu'exécuter, sans volonté propre, la volonté de cet auteur? Donc, l'existence d'un Dieu créateur ne comporte pas la liberté de l'homme. Donc, au lieu que ce soit nous, humbles horloges, qui marquions et sonnions les heures, c'est le grand horloger, Dieu, qui les marque et les sonne par notre intermédiaire. Dieu étant, Dieu seul est libre et agit; nous ne faisons, nous, ses misérables instruments, que fonctionner à son plaisir.

Et puisque, dépourvus de toute liberté, dans l'hypothèse, nous ne saurions ni mériter ni démériter, il n'y aurait lieu pour nous ni à récompenses ni à punitions. Donc, une condition essentielle de la religion, si religion est synonyme de sanction, c'est la non-existence de Dieu.

En résumé, absurde que nous ne soyons pas libres et que nous ne raisonnions pas; mais absurde aussi, si le matérialisme ou l'anthropomorphisme est la vérité; auquel cas nous ne sommes rien de plus que des machines organiques sorties de la croûte du globe, par un effet des éternelles lois de la matière, ou des machines de quelque farine que ce soit, conçues et réalisées dans le temps par un créateur quelconque; absurde alors que nous soyons libres et que nous raisonnions. Et comme nous pouvons douter de tout, sauf de la réalité de notre raisonnement, la conséquence de cette vérité est que matérialisme et anthropomorphisme sont des mots vides de sens.

En vain, tout en persévérant dans leurs systèmes respectifs, les matérialistes et les anthropomorphistes, pour se mettre en règle avec la logique, déclareraient-ils ne plus insister sur la nécessité du raisonnement; est-ce que toute déclaration, négative ou affirmative, n'implique pas toujours un raisonnement? Le mutisme absolu n'est même pas pour eux un refuge; car pour se décider à ne pas raisonner en dehors, encore faut-il raisonner en dedans?

LEÇON II

Comment les plus honnêtes fictions religieuses ne sauraient donner une véritable base à la morale.

Voilà Dieu rayé de notre programme religieux, mais non sans quelque répugnance de notre part. Au lieu de mépris, ce serait, à n'écouter que notre tempérament, un large tribut de regrets et de reconnaissance que nous inclinerions à payer à la poétique croyance qui charma nos premiers ans, et dont la vertu consolatrice était pour les pauvres et les affligés un baume si précieux.

Mais c'est la froide raison qui doit être notre guide, non le sentiment et la poésie ; et, outre que l'incompressibilité de l'examen rendant désormais toute croyance religieuse impossible, notre devoir est de substituer à la religion par la foi, la religion par la science, ne sommes-nous pas obligés de reconnaître, quand nous cherchons comment a opéré l'idée de Dieu, que ç'a été en contribuant à rendre les esprits plus souples et plus faciles à gouverner, et non en les rendant moralement meilleurs? Ce ne sont donc que des services politiques qu'elle nous rendait, et qu'aujourd'hui il ne faudrait pas attendre d'elle.

— Et pourquoi la religion, qui aurait eu la vertu de rendre les hommes plus gouvernables, n'aurait-elle pas eu celle de les améliorer?—La raison de cette différence est bien simple : la religion n'est pas écoutée, quand elle nous commande de bien faire, parce qu'elle a contre elle toutes nos passions déchaînées ; et si elle avait plus de succès, quand elle nous demandait une soumission inconditionnelle à nos maîtres, c'est qu'il est deux puissants auxiliaires qui, dans ces temps de discipline, ne pouvaient lui manquer : la lâcheté et l'intérêt du moment. On aimait mieux se contenter des miettes qui tombent de la table du riche, que de prendre les armes pour lui faire rendre gorge : c'était plus sûr, et comme, en obéissant, c'était à une voix d'en haut qu'on était censé se soumettre, et qu'ainsi l'amour-propre était sauf, on se résignait sans peine.

Les arguments, d'ailleurs, ne nous manquent pas pour faire voir comment, au lieu d'être, selon l'opinion commune, la base essentielle de la morale, l'idée théiste ou anthropomorphiste en est essentiellement le principe corrupteur.

On ne vient pas au monde avec l'idée de Dieu *gravée dans son cœur*, comme on le dit si poétiquement, car l'innéité des idées est une doctrine absurde. C'est donc nous qui avons fait Dieu et qui l'avons fait à notre image : où aurions-nous pris, en effet, ailleurs qu'en nous les éléments de son être moral? Comment le concevrions-nous autre qu'animé de sentiments humains, voire de passions humaines? Y aurait-il, comme nous le voyons, autant d'idées de Dieu que de croyants, si chacun de nous ne lui prêtait son tempérament et son humeur? Pendant qu'il est pour les cœurs tendres un père plein d'amour et de miséricorde, n'est-il pas pour les esprits vains et orgueilleux un maître jaloux et terrible? Les moyens employés pour gagner sa bienveillance ou désarmer sa colère ne varient-ils pas comme les caractères de ceux qui le prient? Est-ce autre chose que tendresse et élans de cœur chez ceux-là, que poitrines frappées et fronts abaissés dans la poussière chez ceux-ci?

Et du moment que le bonheur de Dieu, qui est tout amour et toute-puissance, est d'être aimé et encensé, qu'aurait-il à refuser à ceux qui l'aiment et qui l'encensent? Voilà en deux mots le principe de cet abominable commerce d'accommodements avec le ciel, où le pécheur, non content d'attendre, en échange d'un vain simulacre de repentir, le pardon du crime qu'il a commis, demande encore, comme récompense de ses génuflexions, le succès et l'impunité du crime qu'il médite de commettre.

Ce qui est pour nous étonner, ce n'est pas l'abomination des prières qui montent sans cesse vers le ciel ; ce serait, après que nous avons fait Dieu si faible et si misérable, que nos prières, au lieu de s'adresser à ses indignes faiblesses, s'adressassent à la toute-justice dont nous l'avons dépouillé.

Pouvons-nous en vouloir à cette pauvre femme, qui a le malheur d'avoir pour mari un assassin de profession, de tomber à genoux, quand celui-ci part pour quelque expédition périlleuse, et de prier de tout son cœur *pour la réussite de l'affaire*? Ainsi faisait une femme Parang, dont un procès de cour d'assises nous a révélé l'existence; et n'est-ce pas logiquement de même que ces femmes de Marseille, élevées dans de bons principes religieux, et associées néanmoins pour l'empoisonnement d'incommodes et ennuyeux maris, offraient tous les jours, à l'envi l'une de l'autre, des cierges *à la bonne mère*, pour en obtenir aide et protection? Comment *la bonne mère* serait-elle restée insensible à de si agréables attentions?

Est-ce à dire que la croyance anthropomorphique ne peut inspirer que des forfaits? Non certes; nous prétendons, au contraire, que pour élever aux plus sublimes et aux plus touchantes vertus certaines natures d'élite, chez lesquelles une ardente imagination s'allie à un cœur débordant d'amour et de reconnaissance, il n'est que le sentiment anthropomorphique; mais si nous trouvons ici que l'anthropomorphisme a l'avantage de rendre les bons meilleurs, nous venons de trouver qu'il a l'inconvénient de rendre pires les méchants. Or les bons sont les rares, et c'est de méchants que se compose à peu près toute l'humanité. Ce n'est qu'à des intervalles de plusieurs siècles qu'il apparaît des saint Augustin; et le monde est toujours plein de monstres comme les *empoisonneuses de Marseille*. Donc, bien qu'il soit certain que l'idée anthropomorphiste est, pour quelques esprits exceptionnels, un stimulant de perfection que rien ne peut remplacer, l'intérêt de l'humanité veut que l'idée anthropomorphiste soit combattue sans hésitation et radicalement anéantie.

L'anthropomorphisme, du reste, a été pendant de longs siècles de nécessité sociale ; car la morale, qui est, plus que la loi, un élément indispensable de la vie humanitaire, ne tirant pas d'elle-même, quoi qu'en dise Proudhon, son principe et sa fin, il fallait que ses prescriptions fussent motivées ; et comment l'auraient-elles été sans des peines et des récompenses qu'un être tout puissant nous montrât en perspective au delà de la tombe ?

Voilà comment c'est dans un Dieu vivant, rémunérateur et vengeur, que le législateur a dû d'abord incarner la justice. L'heure maintenant a sonné de la religion par la science ; et le Dieu dont nous aurons bientôt démontré la réalité, Dieu qui ne transige pas et avec qui l'on ne saurait composer, c'est l'éternelle raison, l'éternelle justice, impersonnelle par essence, dont le Dieu Être n'était que la personnification.

LEÇON III

Qu'est-ce que l'organisme? Qu'est-ce que l'âme? Qu'est-ce que l'homme?

L'homme peut être défini l'être qui sent et pense ; mais quelles sont les conditions du sentir et du penser ? Voilà ce qu'il faut se demander.

Un organisme, qui n'est que matière, ne saurait à lui seul constituer un homme ; c'est à quoi s'opposent les deux principes ci-dessus établis, à savoir : 1° que l'ordre matériel étant exclusivement l'ordre de nécessité ou d'automatisme, tout ce qui est matière est machine ; 2° qu'il implique qu'une machine pense, l'essence du penser étant la liberté.

Cependant de ce que le penser n'est pas la résultante d'une combinaison matérielle, il ne s'ensuit nullement que l'essence de l'âme soit de penser : l'intelligence, en effet, n'est rien de plus que le développement de la sensibilité.

L'âme, qui est substance ou immatérialité, est un *être*, et non, comme le corps, un *phénomène*. Elle *est*, mais conçue isolée, elle *est* seulement; ce qui est dire qu'elle est comme si elle n'était pas.

Mais si l'âme ne pense pas, parce qu'elle ne sent pas, elle est l'être *sensiblable*; elle peut être *sensiblée*, et quand elle l'est par son union à un organisme qui la touche et la modifie, alors elle pense, puisqu'elle sent. C'est seulement ainsi qu'elle est la base de notre être moral. L'âme, hors de là, n'a pas même conscience d'être; elle n'est, faute de moyens d'être sensiblée, qu'une faculté de sentir sans exercice.

C'est pourquoi il est quelque chose de plus absurde — parce qu'il l'est à plusieurs points de vue — que la *matière pensante* de nos esprits forts : c'est *l'âme pensante* de nos théologiens, c'est-à-dire l'âme pensant *par essence*, pensant sans sentir ou sentant indépendamment de toute modification de l'organisme : telle enfin qu'il la faut pour pouvoir, à l'état de pur esprit, goûter les joies ineffables du séjour céleste, ou souffrir, au fond des abîmes, les tourments affreux de l'Enfer.

La petite aspérité qu'on trouve là est ce qui avait suggéré aux premiers pères de l'Église de faire les âmes matérielles, de peur que, ne pouvant imaginer les douleurs de la brûlure là où il n'y aurait rien à brûler, les pécheurs n'eussent pas une crainte suffisante de la damnation. Et si, plus tard, d'autres pères crurent devoir réintégrer les âmes dans leur immatérialité, ce ne put être qu'en proclamant le dogme de la résurrection miraculeuse des corps, au jour du jugement dernier : sages d'ailleurs d'avoir compris que les corps ne peuvent pas plus souffrir sans les âmes, que les âmes sans les corps. Quant à la nécessité du miracle, un de plus, était-ce donc pour beaucoup les gêner?

Peut-être quelques personnes opposeront-elles à nos raisonnements l'autorité de Descartes et de Leibnitz : ce sera mal à propos. Lorsque ces deux éminents philosophes définissaient l'âme une *substance pensante*, ce n'était certainement pas leur pensée qu'ils exprimaient;

leur aberration apparente n'était qu'un tribut que la prudence leur commandait de payer aux exigences théologiques de leur temps, sauf à revenir sur leurs pas quand ils en trouveraient une occasion favorable? Et n'est-ce pas, en effet, ce qu'ils firent, en déclarant un jour, le premier assez explicitement : « que l'âme séparée du corps n'a pas proprement de sentiment » ; le second, avec plus de concision et non moins de clarté : « que la pensée est l'*action*, non l'*essence* de l'âme? »

Nous avons donc bien dit : il n'y a homme, être sentant-pensant, que par l'union d'une immatérialité à un organisme.

Le *moi*, l'*âme* est simple par essence ; mais la pensée, qui est le *moi* modifié, est par essence complexité; et toujours *âme pensante* est une idée absurde.

LEÇON IV

Pas de raisonnement sans un raisonneur.

Comment cette proposition si simple, marquée même au coin d'un si pur truisme : que tout raisonnement implique l'existence d'un raisonneur, ne suffit-elle pas à rendre sensible du premier coup, aux esprits les plus enténébrés, la monstrueuse absurdité de la gent matérialiste, qui, tout en affirmant la réalité du raisonnement, nie expressément qu'il y ait *quelqu'un* qui raisonne?

Pour le matérialiste, il n'y a pas, il ne peut pas y avoir de *quelqu'un* : « Le moi, dit-il, n'est pas un être, c'est un fait. » — « Il n'y a que des groupes avec leurs résultantes. » — « Il n'existe d'autre unité que l'unité de composition. »

Ainsi parle Proudhon, le prince des matérialistes, le seul matérialiste avec qui l'on puisse être tenu de compter.

C'est, il est vrai, très logiquement, dans l'hypothèse matérialiste, qu'on nie qu'il y ait des *êtres* réels. Mais, outre que la logique ne se conçoit guère sans logicien ; ce qui est absurde, c'est le point de départ d'où découle la conclusion dont nous reconnaissons la justesse. Oui, s'il n'y a que matière, il n'y a, au lieu d'êtres, que des *faits*; mais s'il n'y a que des faits, non des actes, il n'y a pas d'agents, il n'y a personne ; et, s'il n'y a personne, il n'y a rien ; car, qu'est-ce que *quelque chose*, sans *quelqu'un*, pour qui il soit? Quelle serait la raison d'être d'une scène éternellement vide d'acteurs? Ainsi du matérialisme se déduit l'automatisme, et de l'automatisme le nihilisme. Donc, matérialisme, automatisme et nihilisme sont trois expressions synonymes.

Nous voudrions bien qu'on nous fît voir comment l'unité de composition suppléerait l'être, qui est l'*un* tout court.

Voici une horloge, chef-d'œuvre de mécanique, qui indique, outre les heures, le jour de la semaine, le quantième du mois, le degré de la température, etc.; est-ce que cette horloge est plus *quelqu'un* ou moins *quelque chose* que le plus grossier tourne-broche? Et, où qu'on la constate, l'*unité de composition* détruit-elle le machinisme?

Or, puisque la complexité, quelle qu'elle soit, d'une machine artificielle, ne l'empêche pas d'être un pur fonctionnement ; puisque les merveilles de son mécanisme, la multiplicité de ses rouages et l'art admirable de leur agencement n'y font pas naître une volonté, *un voulant*, pourquoi, à cet égard, la complexité d'une machine naturelle donnerait-elle d'autres résultats que celle d'une machine de main d'homme? Est-ce que organisme et automatisme sont choses qui s'excluent? Est-ce que la science elle-même n'affirme pas le complet automatisme d'une foule d'êtres organisés?

Quand on est d'avis, avec Proudhon, que le *moi* n'est pas un *être*, mais un *fait*, et que, par conséquent, il n'y a que des faits, le raisonnement, qui alors n'est qu'un fait résultat d'un autre fait, n'est qu'un fonctionnement, et qui dit fonctionnement dit automatisme. Mais pour nous, il implique qu'une machine raisonne ; l'essence du penser est la liberté qui suppose un être. C'est pourquoi le raisonnement est nécessairement un acte ; et l'acte supposant l'agent, nous disons : pas de raisonnement sans un raisonneur ; et ce raisonneur, c'est l'âme, c'est-à-dire une substance, une individualité réelle, absolue, indépendante, conséquemment immatérielle, éternelle. C'est là ce qui est le *moi*, l'*être*, et dont la réalité est la condition de la réalité du raisonnement.

LEÇON V

Nécessité de la dualité de l'homme.

Nous voulons faire voir, par quelques exemples, comment, étant donné la dualité de l'homme, tous les problèmes d'ordre moral, autrement insolubles, se résolvent sans aucune difficulté.

1. DE LA SENSIBILITÉ : *Comment elle est nécessairement immatérielle.*

I. — Pour les philosophes de notre temps, comme pour le vulgaire, c'est l'organisme qui jouit et qui souffre ; et nous avons ainsi, conscient et inconscient, le matérialisme partout.

La matière est pourtant, par essence, multiple et divisible à l'infini ; c'est ce que personne ne conteste. Qu'est-ce donc que la supposer sensible, sinon attribuer la sensibilité à autant de milliers ou de millions de molécules, qu'il en peut entrer dans la composition de tel ou tel corps ; or, que faire de ces innombrables sensibilités ? Le sentir, non plus que le vouloir qui n'existerait pas sans le sentir, ne se partage pas : comme il ne se conçoit *qu'un voulant* dans chaque individu, il ne s'y conçoit de même *qu'un sentant* ; et nous ne saurions imaginer que toutes les molécules, avec la portion de sensibilité afférente à chacune, puissent se fondre en une seule.

A quoi bon, d'ailleurs, la fusion dont il s'agit, laquelle ne pourrait lever la difficulté que nous signalons, c'est-à-dire nous donner une unité sentante ? En vain, nous opposerait-on l'existence d'un organe central de la sensibilité; cet organe, comme matière, ne serait pas *un*, et chacun des atomes dont il se composerait se composerait lui-même de plusieurs atomes.

La sensibilité ne peut pas être *multiple*, et pour être *une*, il faut qu'elle soit immatérielle.

II. — Plaçons-nous maintenant bien exactement sur le terrain des matérialistes, qui n'admettent que des groupes avec leurs résultantes.

Pour eux, évidemment, la sensibilité n'a pas d'*être*; elle n'est donc, simple effet d'une agrégation matérielle particulière, qu'un phénomène, une apparence : d'où il résulte, la raison n'étant qu'une modification de cette sensibilité, que celle-là est, comme celle-ci, purement apparente, purement phénoménale.

Puis comme, d'après la science, il n'y a pas de séparation absolue entre l'homme et les plantes, etc., etc., la raison du plus habile homme et celle des légumes de son jardin ne sont pas essentiellement autres; la différence entre elles n'est que du plus au moins.

Et la conclusion définitive de ces raisonnements, qui sont irréprochables, est qu'en réalité le raisonnement n'existe pas.

2. Des passions : *Comment elles sont exclusives à l'homme.*

Les passions, en toute hypothèse, sont des tendances organiques, attractives ou répulsives ; mais, si toutes les passions sont nécessairement des tendances organiques, toutes les tendances organiques ne sont pas des passions; on ne saurait ainsi appeler les attractions et répulsions inconscientes et automatiques, en quoi consiste cet auto-dynamisme, par quoi toute machine vivante se conserve.

Il n'est certainement personne à qui *horloge passionnée* ne parût une expression aussi contradictoire que *horloge libre* ou *horloge raisonnante*. Donc, pour tout le monde et pour la raison, automatisme et passion sont des idées qui s'excluent.

Les passions supposent des sensations ; mais quand on dit que les passions sont réelles ou seulement apparentes, selon qu'il y a ou qu'il n'y a pas sensibilité — proposition en apparence inutile — la sensibilité dont il est question est la sensibilité *immatérielle*, la seule, à supposer qu'il y en ait une autre possible, dont le développement constitue l'intelligence. On doit donc dire, pour s'exprimer clairement, que les passions sont réelles ou ne sont qu'apparentes, selon qu'elles ont ou qu'elles n'ont pas à leur base l'intelligence.

Les animaux, s'ils sont sensibles, auquel cas la sensibilité n'est qu'un résultat de l'organisation, puisqu'ils sont tout matière, n'ont pas de passions, car ils n'ont pas d'intelligence.

Chez l'homme, au contraire, qui est une immatérialité unie à un organisme, les tendances organiques sont de deux sortes, les unes provenant de l'organisme seul, les autres de l'immatérialité unie à l'organisme. Et l'intelligence alors, résultat de cette union, influe toujours, *dans un sens ou dans l'autre*, sur les passions. Il y a alors l'imagination pour les fomenter, et la raison pour les combattre et les vaincre.

3. DE LA LIBERTÉ : *Comment elle n'existerait pas sans les passions.*

Pour être libre il faut *être*, c'est-à-dire être *quelqu'un* et non pas seulement *quelque chose*, être une unité *réelle* et non une unité *de composition*. Alors la liberté se définit justement : le pouvoir d'agir ou de n'agir pas ; mais ce pouvoir existerait-il, si l'on n'était jamais tenté de faire telle chose plutôt que telle autre ?

Nous sommes libres ou esclaves, selon que nous dominons nos passions ou que nos passions nous dominent ; mais il faut que nous puissions être esclaves, pour pouvoir être libres : ce qui veut dire que, s'il n'y avait pas de passions pour faire obstacle à la raison, la liberté ne se concevrait pas ; car sa condition est la lutte ; et comment y aurait-il lutte, si, pendant que notre organisme tout seul a une tendance, notre individualité unie à notre organisme n'en avait pas une autre ?

On conçoit que nous ne serions pas libres, si nos tendances de passion et notre tendance de raison étaient toujours identiques ; non évidemment, puisque, dans l'hypothèse, notre volonté, faute de choix à faire, resterait toujours sans exercice.

Sur ce principe, Dieu, le Dieu-Être des croyants, ne peut à aucun degré être conçu libre, qu'autant qu'un grossier et stupide anthropomorphisme lui attribue des sentiments et des passions comme les nôtres. Autrement sa toute-raison, son infaillibilité, son impeccabilité, etc., ne l'anéantissent-elles pas moralement, comme l'instinct, dont ces attributs sont l'équivalent, anéantit moralement les bêtes ?

L'homme seul est libre, parce que ce n'est que chez lui, à raison de sa double nature, que l'esprit et la matière sont dans un éternel antagonisme.

4. DE LA MÉMOIRE : *Comment il y a mémoire automatique et mémoire intellectuelle.*

Mémoire ne signifie pas toujours *réminiscence* ; sans quoi il n'y aurait que mémoire intellectuelle ; il existe encore une mémoire matérielle qui, ne pouvant être le ressouvenir, est purement automatique.

La mémoire, pour prendre d'abord ce mot dans son acception générale, est la propriété qu'ont les êtres de conserver d'une manière permanente, pendant un temps plus ou moins long, des abstractions des modifications par eux subies, abstractions produisant, en l'absence de la cause modificatrice, les mêmes effets que produit directement cette cause elle-même.

Mais les modifications sont senties et perçues, ou elles ne sont qu'inconscienciousement éprouvées, et, selon le cas, nous nous trouvons en présence d'un acte réel, ou d'une simple persistance de l'empreinte du choc, par lequel un centre nerveux a été plus ou moins ébranlé.

Conservation machinale, dans ce dernier cas, de la

trace qu'a laissée une modification subie ; conscience, dans l'autre cas, ou connaissance conservée de la modification sentie : telles sont, bien nettement séparées, la mémoire automatique ou mémoire de l'animal, et la mémoire intellectuelle ou mémoire de l'homme.

Au lieu enfin, dirons-nous encore, que chez l'animal, qui n'est que matière, tout a toujours lieu nécessairement par les éternelles lois de la matière : abstraction des modifications subies, placement de ces abstractions dans l'organisme, etc. ; si ces mêmes choses se font nécessairement aussi chez l'homme, qui est une immatérialité unie à un organisme, ce n'est que lorsqu'il n'existe encore que dans l'éternité : dès qu'il est né au temps, rien de ce que nous venons de dire ou de ce qui s'y rapporte *ne se fait* chez lui ; tout y est fait, tout y est l'œuvre d'une volonté naissante, mais enfin d'une volonté.

L'organisme de l'animal garde la trace de ses modifications ; l'homme a les images des siennes et les voit.

5. *Comment, s'il n'y avait que matière, la nature serait constamment en conflit avec elle-même, ce qui implique contradiction.*

Qu'est-ce que la vie humaine, sinon une lutte incessante contre la nature ? Qu'est-ce que la vertu, sinon une résistance aux impulsions de la nature ? Qu'est-ce que la civilisation, sinon une série de victoires remportées sur les résistances de la nature ? Or, n'est-ce pas une idée contradictoire que la destinée de l'homme, qui est, suppose-t-on, tout matière, qui fait par conséquent tout entier partie de la nature, soit de faire éternellement, avec plus ou moins de succès, la guerre à la nature ?

Telle est l'objection que se faisait à lui-même Proudhon, comme matérialiste, et nous lui donnons un moment la parole :

« Si l'homme, dit-il, est le point culminant, le chef de la nature ; s'il est la nature élevée à sa plus haute puissance, comment a-t-il la faculté de contredire la nature, de la tourmenter et de la refaire ? Comment expliquer cette réaction de la nature sur elle-même, réaction qui produit la science, les arts, etc. ? Comment enfin ramener à des modifications matérielles ce qui, d'après le témoignage de nos sens, auquel seul le matérialisme ajoute foi, se produit en dehors des lois de la matière ? »

Cet argument, aussi remarquable par le fond que par la forme, fait honneur au génie de Proudhon ; et ce qui fait plus honneur encore à son caractère, c'est qu'il n'a pas essayé de se réfuter.

LEÇON VI

POSITION DE LA QUESTION SPIRITUALISTE

Comment, sentir et penser étant une même chose, l'âme, qui est sensibilité, n'est immatérielle que si, dans tout ce qui existe au-dessous de l'homme, il y a insensibilité absolue.

Un philosophe s'est trouvé il y a trois siècles qui, venant un jour à méditer cette triviale vérité : qu'il faut *voir* (ce qui est *sentir* par les yeux) pour avoir une idée des couleurs, se tint à lui-même à peu près ce langage :

Sentir, c'est penser. Donc ce qui pense est le même que ce qui sent, et ce qu'on appelle l'âme est proprement la sensibilité. Mais si les animaux, qui ne sont que matière, sont sensibles comme nous, nous ne sommes évidemment que matière comme eux ? Conclusion : la sensibilité ou l'âme n'est immatérielle qu'autant qu'elle est exclusive à l'homme.

Arrêtons-nous un moment au raisonnement de Descartes, pour en bien apprécier, au prix de quelque tautologie, s'il le faut, la parfaite irréprochabilité.

Pourquoi, si les animaux sont sensibles, l'âme n'est-elle pas immatérielle ? Parce que, les animaux n'étant que matière, la sensibilité ou l'âme n'est alors nécessairement qu'un résultat de l'organisation. L'unique défaut de notre commentaire est d'être trop clair.

Pourquoi maintenant l'insensibilité de tout le monde vivant au-dessous de l'homme implique-t-elle l'immatérialité de la sensibilité chez l'homme? Parce que la sensibilité ne peut manquer partout, même chez les animaux supérieurs et d'un organisme tout humain, comme le chimpanzé et l'orang-outang, sans qu'il se trouve *ipso facto* démontré que ce n'est pas de la complexité de l'organisme que dépend la sensibilité. Or, si la sensibilité, qui est l'âme, n'est pas matérielle, n'étant pas un résultat de l'organisation, il faut bien qu'elle soit immatérialité; et n'est-ce pas encore là, par le seul excès de son évidence, que pèche notre explication?

Malheureusement cette insensibilité des bêtes, que Descartes, comme spiritualiste, était logiquement forcé d'affirmer, il n'essayait pas de la démontrer, car il la tenait pour indémontrable; et son œuvre ainsi restait inachevée : il avait admirablement posé la question — ce sera son éternelle gloire — mais il ne l'avait pas résolue. C'est à un autre, injustement dédaigné et aujourd'hui même peu connu, à Colins, qu'était réservé l'honneur de compléter Descartes, en trouvant la démonstration jugée par celui-ci introuvable.

Est-ce à dire que Colins n'a rien laissé à faire? Non, nous ne l'exaltons pas à ce point; et s'il est vrai qu'on ne peut le lire sans l'admirer, comme un penseur et un logicien sans pair, dont il n'est pas une proposition qui ne soit marquée au coin de la plus parfaite et de la plus haute raison, il est vrai aussi que personne ne le lit, et pourquoi, sinon parce que le décousu, le pêlemêle sans exemple de ses écrits, et le ton incroyable dont il les assaisonne, en rendent la lecture insupportable? C'est assurément moins au peu de goût de notre siècle pour la philosophie, qu'à la façon dont le lourd, outrecuidant et antipathique philosophe belge a exposé la sienne, que doit être attribué le peu d'accueil qu'il a reçu.

De là donc pour ceux qui, ayant trouvé chez Colins

la vérité dont ils étaient en quête, se sont assimilé ses raisonnements, le devoir de reprendre en sous-œuvre son indigeste travail, pour s'efforcer de l'*humaniser* en quelque mesure, en évitant la manière du maître et plus encore ses manières.

LEÇON VII

Réduction à l'absurde de l'hypothèse de la sensibilité des bêtes, ou preuve par l'absurde de l'immatérialité de la sensibilité chez l'homme.

S'il est une vérité qu'on risque de compromettre en l'exposant, sans avoir particulièrement préparé les esprits à la recevoir, c'est sans contredit celle que nous avons tant à cœur de propager.

Quel est le spiritualiste qui ne soit pas tenté de cesser de l'être, quand il entend dire que son âme est au prix de l'automatisme des bêtes? Le moyen, que tant de bonnes femmes dévouées au bonheur des bêtes, et tant de bonshommes qui leur ressemblent, consentent jamais à ne voir dans leurs bien-aimés chiens, chats et perroquets, que des machines vivantes! Et ce n'est pas qu'au vulgaire que peut être reprochée cette répugnance. Je demande où se trouvent les philosophes qui le soient assez pour admettre ce qui leur est le mieux démontré, quand ils ne le trouvent pas conforme à ce que proclame leur *sens intime*.

Voilà pourquoi nous voulons procéder encore un instant par preuves négatives.

1. « *Quand une chose peut être de deux manières, elle est presque toujours de la manière qui paraît la moins naturelle.* » (François ARAGO.)

Nous voyons le soleil paraître à un point de l'horizon, s'en éloigner graduellement et disparaître enfin au point opposé. Or, qu'y aurait-il de plus *naturel* que la réalité de ce mouvement de locomotion de l'astre qui nous éclaire ? C'est pourtant d'une manière diamétralement opposée à celle qui nous paraît *si naturelle* que nous recevons sa lumière. Et quoique nous disions toujours que le soleil se lève et se couche, n'avons-nous pas reconnu que, contrairement au témoignage de nos sens, c'est la terre qui tourne autour du soleil, et non le soleil autour de la terre ?

Et que de phénomènes la science n'est-elle pas tous les jours dans le cas de constater, qui justifient le mot d'Arago ?

Cependant, qu'au nom de la nécessité de l'ordre moral, dont l'hypothèse de la sensibilité des bêtes implique la négation, je demande, non au premier venu, mais à tel ou tel philosophe renommé, pourquoi il s'obstine à vouloir que, pour se porter vers ce qui leur est propre et fuir ce qui leur est contraire, les animaux aient besoin d'intelligence ; sa réponse n'est-elle pas toute prête ? J'affirme, me dira-t-il, que la chose est ainsi tout simplement et très raisonnablement, parce qu'il est *naturel* qu'elle soit ainsi, et je ne l'admettrai jamais possible autrement, parce que la manière dont elle aurait lieu alors serait *anti-naturelle*. C'est à de pareilles hauteurs que de nos jours s'élève quelquefois la philosophie !

2. *Que, d'après la science, instinct et automatisme sont des expressions synonymes.*

Est-il bien un homme, sur un million, qui sache ce qu'il dit, quand il parle de l'instinct ? Je ne le crois pas. Mais quand la science, en définissant l'instinct « une manifestation d'actes sans conscience ni volonté », sépare si nettement l'instinct de l'intelligence, est-ce à elle que peut être adressé, dans la circonstance, le reproche de ne pas se comprendre ?

D'après la science donc il y a de l'automatisme dans la vie de relation des animaux, aussi bien que dans leur vie intérieure, et ce n'est pas là qu'elle s'arrête.

3.

3. *Que, d'après la science, il est une foule d'espèces animales qui n'ont que de l'instinct.*

Non seulement, d'après la science, l'animal, dans l'instinct, n'est qu'une machine ; mais, d'après la science encore, il est des myriades d'espèces animales qui, n'ayant que de l'instinct, ne sont toute leur vie et à tout moment que des machines. Dans ce nombre figurent l'abeille et la fourmi elles-mêmes, dont la sagesse, la prévoyance et l'industrie ont toujours si largement défrayé l'imagination des poètes. Ce qui est vrai, n'en déplaise aux poètes, matérialistes sans le savoir, c'est que chez ces intéressants insectes, « il n'existe non plus d'intelligence et de volonté — c'est toujours la science qui parle — que dans la circulation du sang et dans la digestion de l'estomac ». Donc, l'abeille n'étant qu'un fonctionnement, tout se fait en elle sans elle. C'est la nature, si l'on veut bien nous passer cette personnification, qui, au moyen de la machine abeille, fait le miel et ses rayons. Et les pronoms *il* et *elle*, qu'on emploie au propre en parlant de l'espèce humaine, ne sont, quand on les applique à des insectes, que des métaphores.

Ainsi on peut dire des espèces telles que l'abeille et la fourmi ce que disait des idoles le psalmiste : qu'elles ont des yeux et ne voient pas, qu'elles ont des oreilles et n'entendent pas, etc. On ne voit et l'on n'entend réellement pas, quand ce n'est que matériellement et non intellectuellement qu'on voit et qu'on entend. Aussi est-il une circonstance où les paroles du psalmiste sont applicables même à l'homme : c'est lorsque le développement du verbe ne pouvant chez lui avoir lieu, il reste, comme le *sauvage de l'Aveyron*, à l'état purement automatique.

Mais pourquoi chez les êtres à qui la science dénie toute intelligence, et incapables conséquemment de toute vision ou audition réelle, y a-t-il néanmoins des yeux et des oreilles ? Parce que ces organes y sont des conduits d'attractions et de répulsions, nécessaires pour provoquer les mouvements d'où dépend la conservation de l'animal.

Maintenant, pour reprendre notre propos, en quoi implique-t-il contradiction, que l'intelligence, qui est illusoire chez l'abeille, le soit de même chez le chimpanzé ?

Nous avons hâte toutefois d'expliquer dans quel sens restreint nous venons d'invoquer l'autorité de la science. Nous avons dit comment la condition essentielle de l'existence de l'âme, qui est sensibilité, c'est partout au-dessous de l'homme l'insensibilité, et conséquemment l'automatisme. Or, l'intelligence que la science dénie à certaines espèces, elle l'accorde à d'autres ; tout dépendant à cet égard, suivant elle, de la condition de l'organe cérébral, qui, complet ici, n'existe là que d'une manière incomplète, et ailleurs manque absolument. La science est donc matérialiste, puisqu'elle fait penser la matière ; et, au lieu que ce soit nous qui puissions l'invoquer contre les matérialistes, ce sont les matérialistes qui sont fondés à l'invoquer contre nous. Mais nous avions à exécuter d'abord la tourbe imbécile, pour qui c'est une idée absolument et insupportablement absurde, que les mouvements des animaux, nécessaires pour leur conservation, aient jamais lieu automatiquement. A ceux-là il fallait opposer victorieusement la science, et c'est chose faite, puisque, d'après la science, il est des machines vivantes.

4. *Que l'instinct et l'intelligence ne peuvent jamais cohabiter.*

C'est une idée à peu près universellement admise que chez les animaux il y a une part à faire à l'instinct et une autre à l'intelligence, ce qui est dire qu'ils fonctionnent et agissent tour à tour. Il importe de faire voir tout ce qu'a de contradictoire cette prétendue alternance de l'intelligence et de l'instinct.

L'homme a sa période d'instinct : c'est par instinct que l'enfant prend en naissant le sein de sa nourrice et en use du premier coup, comme s'il avait été préparé par un long apprentissage à cet exercice. Mais que devient l'instinct de l'être humain, le jour où brille chez lui la première lueur d'intelligence? Ne s'évanouit-il pas devant cette faible lumière, comme la brume du matin devant les premiers rayons du soleil? Quand l'intelligence règne, n'est-ce pas sans partage?

Comment donc chez l'animal l'instinct persisterait-il à côté de l'intelligence?

Le penser étant, comme nous l'avons vu, le développement du sentir, nous pensons, nous, humains, comme nous sentons, d'une manière continue; et nous ne pouvons cesser de penser qu'en cessant de sentir. Donc l'animal, qui n'est intelligent, s'il l'est, que parce qu'il est sensible, doit, ainsi que nous, penser comme il sent, d'une manière permanente, sans interruption. Autrement il ne serait pas vrai de dire que sentir, c'est penser.

Ce qu'il faut, pour qu'un animal soit tour à tour un être intelligent et un automate, c'est que la sensibilité, chez lui intermittente, cesse durant les fonctionnements de l'instinct, pour reprendre son cours, lorsqu'à ces fonctionnements va succéder l'action de la raison.

Cette hypothèse absurde écartée, quelle meilleure preuve pouvons-nous avoir du complet automatisme des bêtes, que l'indestructibilité de leur instinct : il y a toujours de l'instinct chez les animaux; donc il n'y a jamais chez eux d'intelligence.

5. *Que l'éducation des animaux se donne à leur organisme.*

1. — C'est de l'éducabilité des bêtes que se conclut leur intelligence : « Sans intelligence, dit-on, pas d'éducabilité. » Et quels contradicteurs cet aphorisme rencontra-t-il jamais?

Il faut bien, entendez-vous dire tous les jours, que pour apprendre, l'animal comprenne les leçons et la volonté de son éducateur, et qu'il soit intéressé à lui obéir. N'est-ce pas, par exemple, parce qu'il ne veut plus être battu, que ce chien, qui l'a été si fort et si souvent pour avoir mangé de la viande qui ne lui était pas destinée, ne retombe plus en pareille faute? Observerait-il, comme il le fait, les lois de la tempérance, si les rudes corrections qu'il a reçues, pour y avoir manqué, avaient été par lui aussitôt oubliées que subies? Il raisonne donc, car se souvenir n'est-ce pas raisonner?

— Je comprends votre raisonnement, et vous ne feriez que le développer logiquement, en exposant comme quoi, tout à coup tenté à la vue de quelque joli morceau de viande soigneusement mis à l'écart, ce chien s'arrête d'abord subitement, pour se recueillir ; comme quoi il se met à balancer, à tête reposée, le plaisir que lui procurerait la manducation de la viande désirée, et le déplaisir qui résulterait bientôt pour lui de la volée de bois vert qu'il se serait infailliblement attirée ; comme quoi, enfin, c'est parce qu'il trouve que la première de ces choses serait trop cher achetée au prix de la seconde, qu'il prend le sage parti de s'abstenir.

Mais n'est-ce pas trop déraisonner que de faire si bien raisonner les chiens? Que devient aussi la *série*, si l'on place au sommet de l'échelle des êtres, pour son intelligence, tel animal qui n'a sa place, par son organisme, qu'à l'un des premiers échelons? Ne vous enferrez-vous pas trop, ô matérialistes, de gratifier le chien d'une force de raison et de caractère qui laisse l'homme si loin derrière lui?

Nous disons, nous, bien haut, que ce qui prouve invinciblement le néant moral des bêtes, c'est précisément la sublimité des vertus qu'on est obligé de leur reconnaître, dès qu'on leur suppose une existence morale.

Le chien, qui n'est que matière, n'est capable ni du raisonnement compliqué dont nous venons de voir qu'on lui fait honneur, ni d'aucun autre. C'est ce qui résulte de principes ici bien établis et souvent rappelés. Il ne se souvient donc pas, puisque se souvenir c'est raisonner ; mais il est quelque chose qui remplace chez lui, à notre avantage, la réminiscence ; à savoir la *mémoire matérielle*, telle que nous l'avons définie (Leçon V).

II. — Il existe chez tous les chiens une attraction particulière pour la viande, mais chez celui qui fait l'objet de notre étude, à côté de cette attraction native, se trouve maintenant une répulsion adventice, que nous y avons accolée à coups de manche à balai ; et il y a liaison, dans le cerveau du chien, de ces deux tendances opposées. C'est pourquoi, dans les circonstances où la viande n'est pas offerte, l'attraction qu'elle excite éveille aussitôt la répulsion qui y est jointe ; et, soit parce que celle-ci est en prédominance sur celle-là, soit seulement parce qu'elle vient la dernière, c'est l'effet d'une répulsion qui est produit. Voilà tout le secret de la tempérance du chien.

Par le pouvoir dont nous jouissons de pétrir et de refaire le cerveau des animaux, soit en y atténuant ou en y renforçant des attractions et des répulsions natives, soit même en y changeant des répulsions en attractions et des attractions en répulsions ; puis enfin en établissant entre les unes et les autres telles liaisons que demande le résultat à obtenir : l'animal devient entre nos mains une véritable machine artificielle, fonctionnant à notre volonté, une sorte de marionnette dont nous tenons et faisons mouvoir les ficelles.

Ce n'est pas seulement de l'éducabilité des animaux que leur mémoire matérielle rend compte ; par cette mémoire s'explique de même sans difficulté tout ce qui, chez eux, imite l'intelligence ou semble en provenir.

6. *Ce qu'implique de conséquences absurdes, dans toute hypothèse matérialiste ou spiritualiste, la continuité supposée absolue de la série des êtres.*

La série des êtres est, par supposition, absolument continue. Donc, si elle commence par un être pensant, c'est par un être pensant qu'il faut qu'elle finisse.

Grande aussi est la joie, et non moindre l'orgueil des matérialistes, de pouvoir crier bien haut, en s'appuyant sur la science, que non seulement le chimpanzé, le chien, le cheval et l'âne, etc., mais encore le crapaud et la souris, puis l'araignée, le pou et la punaise, ont comme nous, à un degré quelconque, sentiment et intelligence. Nous n'avons rien à reprendre à ce langage, mais on ne compose pas avec la série ; et ce qu'elle veut absolument, c'est qu'il y ait sentiment et intelligence chez le chou et chez le poireau, voire chez les molécules de la terre qui les nourrit, aussi bien que chez le pou, la puce et la punaise. Or, ces conséquences extrêmes, mais rigoureusement déduites du fait de la série, ne sont-elles pas pour tempérer un peu l'allégresse, que viennent de faire éclater les matérialistes ?

Quant aux sensibles spiritualistes qui, ne pouvant prendre sur eux de continuer d'avoir une âme, au prix du néant moral et intellectuel des animaux, se sont décidés à leur octroyer des âmes comme les nôtres, auraient-ils bien pris ce parti héroïque, s'ils avaient prévu où il les conduirait, c'est-à-dire si, songeant à la série, ils s'étaient dit qu'il ne peut y avoir âme chez le gorille, sans qu'il y ait âme de même chez le melon et chez la citrouille ?

Ils ne nous répondront pas que les âmes, au lieu d'avoir toutes la même perfection, sont aussi différentes entre elles que le sont entre eux les organismes qu'elles habitent ; non, cette ressource leur manque, car il ne peut y avoir des différences, du plus ou du moins, que là où il y a qualité, et la qualité n'appartient qu'à la matière. C'est donc matérialiser l'immatérialité, que de supposer entre les âmes des différences. *Immatérielles*, les âmes sont nécessairement *identiques;* et l'âme d'un ciron, si un ciron avait une âme, ne serait inférieure ni à celle d'un Descartes, ni à celle d'un Newton.

Un petit fait d'histoire naturelle nous vient d'ailleurs ici en mémoire, qui embarrasserait fort les braves gens que notre devoir nous force à contrarier si impitoyablement : c'est l'existence de certains êtres appelés zoophytes, qu'on multiplie autant qu'on veut, à coups de ciseaux ; de telle sorte que, si d'un polype d'eau douce vous faites dix morceaux, c'est à neuf polypes nouveaux que vous donnez naissance, et, qu'en outre, chacun d'eux devant avoir son âme propre, c'est de neuf âmes nouvelles que vous vous trouvez aussi être le créateur ; d'où cette conclusion que les âmes immatérielles des polypes ne sont pas moins divisibles que la matière de leurs organismes.

En résumé, la logique veut, étant donné la *continuité absolue de la série*, que, selon que nous sommes matérialistes ou spiritualistes, nous admettions des sentiments et des intelligences de poireaux, de choux et de navets, ou des âmes de navets, de choux et de poireaux. Un seul moyen nous reste d'échapper à ces énormités, c'est que, stimulés par l'exemple de la science, qui admet l'automatisme dans de si nombreux départements du monde vivant, nous l'admettions partout au-dessous de l'homme. Ainsi sera brisée la série ; mais du même coup la raison, qui est en morceaux, se trouvera raccommodée.

7. Que s'il y a sensibilité au-dessous de l'homme, tout n'est que désordre dans le monde, et le monde n'a pas de raison d'être.

1. — Est-ce donc un faible préjugé en faveur de l'hypothèse de l'insensibilité des bêtes, que le désordre affreux que constitue dans le monde le sort si misérable et si immérité de tant de leurs espèces, si elles sont sensibles et intelligentes ?

Votre inconséquence est étrange, ô matérialistes, de professer une si vive tendresse pour de pauvres êtres, tels que moutons, dindons, cochons, etc., que vous appelez vos frères, et qui le sont en effet de tout point, si leur sensibilité n'est pas illusoire ; et de ne vous faire en même temps aucun scrupule de mettre tous les jours, par centaines de mille, à la broche, ces frères si chéris et si estimés ! Quelle est donc la base de ce droit de vie et de mort que vous vous arrogez si fièrement sur tant d'innocentes créatures du bon Dieu ? Votre supériorité intellectuelle sans doute ? Mais, à ce compte, rien serait-il plus légitime que l'esclavage des noirs, qui sont intellectuellement inférieurs aux blancs ? A ce compte, tel membre éminent de l'Institut ne pourrait-il pas, sans crime, manger du paysan ? A ce compte, si Thiers, cet esprit si délié et cette si vaste intelligence, avait eu quelquefois besoin, pour réveiller son appétit, d'un bon filet d'homme à prendre sur quelqu'un de ces poètes comme on en voit tant, chez qui sottise et infatuation entretiennent toujours santé et embonpoint ; une pareille faveur aurait-elle pu rationnellement être refusée au grand patriote ?

Je dois toutefois rétracter ici, en tant que récrimination, ce que je viens de signaler du désaccord existant entre nos sentiments et nos agissements à l'égard des bêtes : la contradiction est assez justifiée par la nécessité ; notre existence étant bien réellement au prix du sang qui coule à flots, chaque jour, dans les abattoirs, et de celui qui tache si souvent le foyer des plus humbles ménages.

II. — Ce ne sont donc pas nos fratricides sans nombre qui nous rendent criminels, puisqu'ils sont forcés. Je trouve le crime ailleurs : il est dans l'entêtement ou la paresse d'esprit qui rend sourd aux raisonnements les plus propres à faire revenir d'une erreur à laquelle on est attaché ; il est dans une stupide insurgence contre des vérités, dont l'unique tort est de contrarier des préjugés, des goûts, ou un égoïsme particulier. On veut, par exemple, les bêtes sensibles et intelligentes, pour justifier les tendres sentiments dont on est animé envers elles, et l'on se complaît dans ces sentiments, à cause du profit qu'on y trouve. Qu'est-ce, en effet, que le peu de soins auxquels ils obligent, au prix de ceux dont ils dispensent? Est-on tenu à rien envers les hommes qui sont méchants et pervers, quand on rend ce qu'on doit à son chien et à son chat, qui sont toute innocence et toute bonté ?

Le crime, c'est de ne vouloir pas s'élever à la conception de la nécessité de l'ordre absolu ; c'est de refuser de comprendre comment, selon qu'est résolue la question de la sensibilité des bêtes, tout est dans le monde raison ou déraison, ordre ou désordre.

Si les bêtes sont sensibles, comme on le veut, nous

sommes certainement leurs frères; mais, outre que nous ne pouvons pas être les frères du bœuf et de la brebis, sans être les frères du renard et du loup; s'il faut que nous tuions ceux-là, parce que nous avons besoin de leur chair pour notre alimentation, comme il faut que nous tuions ceux-ci, parce qu'ils nous nuisent, ne reste-t-il pas toujours que nous avons des devoirs à remplir, qu'il est impossible que nous remplissions : ce qui est contradictoire?

Si les animaux sont sensibles, auquel cas, la sensibilité étant un résultat de l'organisation, nous sommes matière comme eux et, comme eux, de simples machines vivantes; le désordre, au lieu de se trouver seulement dans la misère imméritée des bêtes, n'est-il pas aussi dans nos biens et dans nos maux qui, ne pouvant être mérités, puisque nous ne sommes pas libres, ne sont jamais, comme le voudrait la justice, des récompenses et des châtiments? Et, comme nous n'avons pas ainsi d'existence morale, le monde a-t-il une raison d'être? Automatisme universel et nihilisme, ne sont-ce pas des expressions synonymes?

Substituons maintenant à l'hypothèse de la sensibilité des bêtes celle de leur insensibilité, et aussitôt tout change de face.

Qu'importe alors de quelle manière nous en usions envers les bêtes? N'est-ce pas tout un, dans l'hypothèse, de tuer un bœuf, de casser une pierre ou d'abattre un arbre? La seule raison d'être de tout ce qui existe au-dessous de nous, n'est-ce pas son utilité par rapport à nous?

Alors, comme nous sommes des êtres moraux, c'est-à-dire pensants et libres, pour qui un théâtre d'action est nécessaire, le monde physique, qui tout à l'heure n'avait pas de raison d'être, n'existe-t-il pas désormais rationnellement?

Alors les devoirs de fraternité que nous avons à remplir, se trouvant renfermés dans l'espèce humaine qui, seule espèce intellectuelle, est la seule espèce réelle, comment la morale qui les commande ne serait-elle pas écoutée, ayant au delà de cette vie une sanction inévitable ?

Voilà comment nous trouvons toujours que l'insensibilité des bêtes est la condition de toute raison et de toute justice ; et notre devoir est de l'admettre *a priori*, ce qui ne nous dispense pas d'en chercher la démonstration positive.

8. *Comment le matérialisme ne gagnerait rien à ce qu'on lui concédât la sensibilité des animaux.*

Quand nous disons : sentir c'est penser, les matérialistes trouvent que nous ne faisons pas mal leurs affaires ; car toutes les apparences étant pour la sensibilité des animaux, la conclusion qu'ils ont à tirer de notre principe commun est simple et facile : les animaux, disent-ils, sont sensibles ; *c'est évident ;* donc ils sont intelligents, quoiqu'ils ne soient que matière. Pourquoi donc et à quoi bon la supposition d'âmes immatérielles ?

Oui, sentir c'est penser ; mais il doit être entendu que pour que l'intelligence ne soit que le développement de la sensibilité, il faut que la sensibilité soit immatérielle.

Autrement, comme l'ordre matériel est exclusivement l'ordre de nécessité ou d'automatisme, et que la condition essentielle du penser est la liberté, ce qui est dire que machine pensante est une expression contradictoire, l'intelligence alors est nécessairement illusoire.

Donc, ce qui se doit conclure de la supposition d'une sensibilité qui serait commune à l'homme et aux animaux, comme la veulent les matérialistes, ce n'est pas que les animaux sont intelligents comme l'homme, c'est que l'homme est un automate comme les animaux, et que tous, *quels* ou *quoi* que nous soyons, gens, bêtes ou choses, nous ne sommes, simples machines naturelles, que des intelligences apparentes.

C'est en vain qu'on cherche à ravaler l'homme ou à exalter les bêtes, ce qui revient au même ; le résultat de pareils efforts ne saurait jamais être de rabaisser l'homme jusqu'à la bête ou d'élever la bête jusqu'à l'homme ; il est seulement d'annihiler également, quant au moral, l'homme et la bête.

La sensibilité des bêtes ne serait pas l'intelligence partout ; ce serait, au contraire, l'intelligence nulle part, c'est-à-dire l'automatisme universel.

LEÇON VIII

PREUVE POSITIVE DE L'INSENSIBILITÉ DES ANIMAUX

Comment la preuve de l'insensibilité des bêtes, d'où se déduit l'immatérialité de la sensibilité chez l'homme, c'est l'absence du verbe dans tant de monde vivant au-dessous de l'homme.

Ce n'est pas d'aujourd'hui que l'identité du sentir et du penser est, dans le monde philosophique, hors de conteste. Ce que Descartes disait à cet égard, il y a trois siècles, Cousin l'a dit de nos jours : « Vous pensez si vous sentez. » L'unique défaut de cette proposition si concise est de manquer de précision.

L'enfant qui vient de naître sent : c'est parce qu'il souffre qu'il crie et qu'il pleure ; mais il ne pense pas, car il sent, sans avoir conscience de sentir : ce qui est sentir dans l'éternité ; et ce n'est que le sentir dans le temps, ou le sentir conscient, qu'on peut avoir en vue quand on dit que sentir c'est penser.

Cela dit, nous entrons *in medias res* : l'essence du temps est *la succession* ; donc l'ordre de temps n'existe que là où il y a succession de sensations perçue ; hors de là, quelle que soit la variété des sensations, chaque sensation est une éternité.

Mais quelles sont les circonstances d'où dépend la perception de succession ? Est-elle possible, à l'état d'isolement, ou l'état de société, en tant que provoquant le développement du verbe, en est-il la condition indispensable ?

Nous répondons que l'état d'isolement comporte le passage de l'éternité au temps, mais non la persistance de l'existence dans le temps.

Que devait-il se passer chez le *sauvage de l'Aveyron*, lorsqu'il avait éprouvé quelque sensation particulière, et qu'une seconde sensation toute semblable se produisait, avant que l'image de la première fût effacée ? Nécessairement, il connaissait que ce qu'il ressentait actuellement il l'avait déjà ressenti ; il y avait donc succession de sensations perçue. Mais l'isolement ne cessant pas, tout s'arrêtait là ; et, quelque répétés que fussent les passages de l'éternité au temps, ils n'étaient que de rapides éclairs, après chacun desquels l'homme de la nature retombait dans la nuit de l'éternité.

C'est que si la liaison des idées est ce qui constitue le temps, c'est exclusivement du développement du verbe que dépend la liaison continue des idées. C'est donc essentiellement de la génération du verbe, qui a pour condition l'état de société, que nous avons à nous occuper.

Une remarque auparavant, que rend ici nécessaire l'habitude où l'on est d'affirmer l'identité du penser et du sentir, sans distinguer l'espèce du sentir, est que dans tout travail intellectuel, ce n'est pas directement sur les sensations, qui s'évanouissent aussitôt que leur cause a cessé d'agir, que l'esprit opère, mais sur ce qui reste des sensations et qui les représente.

Maintenant, perception par l'être sentant des modifications qu'il reçoit, fixation et conservation dans le centre nerveux des images de ces impressions, et copies de ces images, sans quoi elles ne pourraient être rappelées, combinées et montrées : telles sont, dans leur origine commune, l'ordre de temps et le verbe.

Les idées, disons-nous, images des sensations, sont les matériaux de l'intelligence ; mais comme ce ne sont pas choses corporelles, et qu'il faut pourtant qu'elles soient rapprochées, comparées, groupées, combinées, comme avec la main, ces opérations ne sont possibles que par le placement des idées sous des signes qui soient leurs images, comme elles sont elles-mêmes les images des sensations.

Et la raison pourquoi on garde des images de ses sensations, et celle pourquoi on fait des copies de ces images, c'est la même : le besoin de communication. On ne s'attarderait pas à remarquer ses sensations, si l'on n'avait pas d'images à en faire, et n'ayant pas d'images à en faire, si l'on n'avait pas quelqu'un à qui les montrer, on n'en ferait certainement pas.

Or, les images des idées étant des paroles, quand les paroles sont possibles, ne nous faut-il pas, après avoir dit d'abord que sentir c'est penser, dire maintenant que penser c'est parler, et *vice versa*, et que, par conséquent, sentir, penser, parler sont une seule et même chose ?

Quelle est, en effet, la différence entre la pensée et la parole, sinon que la pensée est la parole en dedans, et la parole la pensée en dehors ; ou, en autres termes, que penser c'est parler bas, pour soi, et que parler c'est penser haut, pour les autres ?

Rien ne se fait, que ce qui est sollicité par le besoin ; absurde donc que le verbe existe chez quelqu'un vivant dans un état d'isolement absolu, puisqu'il n'a personne avec qui *verber*; et absurde de même que, vivant à l'état de société où le besoin de communiquer se fait incessamment sentir, on ne parle ni en dehors ni en dedans. Dans le premier cas, il y aurait un effet sans cause ; dans le second, une cause sans effet.

Telles sont les raisons d'où nous devons logiquement conclure que lorsque, dans une réunion quelconque d'êtres vivants, il n'y a pas développement du verbe, c'est que la sensibilité de ces êtres est illusoire.

II. — Comment des animaux qui ont famille physiologique, qui même vivent en troupe et, par ce fait, semblent exister à l'état permanent de société ; dont la conformation, en outre, est, dans ses points essentiels, semblable à la nôtre, n'imaginent-ils pas quelque moyen de communiquer entre eux et avec nous ? Concevez-vous ces intérieurs où le père, la mère et les enfants, réunis dans un étroit espace et en contact permanent, n'ont jamais aucun sentiment, aucune idée à échanger, et demeurent toujours à côté l'un de l'autre, sans se pénétrer, exactement comme une pierre à côté d'une pierre.

Peut-on aussi expliquer, autrement que par un pur automatisme, la patience apparente et l'apparente résignation de tant d'animaux qui, à raison des services particuliers qu'ils nous rendent, semblent particulièrement nos souffre-douleurs ? Personne, sans doute, ne s'avisera de dire que, si ce cheval de fiacre, si surmené et si insuffisamment nourri, ou ce cheval de roulier, toujours brutalisé et roué de coups, ne fait jamais entendre aucune plainte, c'est qu'il connaît trop les gens à qui il a affaire, pour nourrir le fol espoir de les attendrir ou de les faire au moins rougir de leurs cruels agissements ; ce serait, pour vouloir trop prouver, ne prouver rien, et nous avons déjà dit pourquoi, en exagérant le mérite des bêtes, on ne réussit qu'à en démontrer le néant.

Aucun animal ne parle, ni le sansonnet par voix articulées, ni le chimpanzé par gestes. Or, si les animaux ne parlent pas, il faut bien en conclure, puisque sentir c'est penser et parler, ou parler et penser, que la sensibilité, dont l'intelligence n'est que le développement, est chez eux illusoire.

III. — Mais, peut nous objecter quelque philosophe de pacotille, quand vous dites que les animaux ne parlent pas, êtes-vous bien sûr de vous comprendre ? N'est-ce donc pas un langage que les cris si différents qu'ils font entendre, selon les situations où ils se trouvent ? Ces cris ne signifient-ils pas : je jouis ou je souffre ? Oui, il est certain qu'ils signifient cela, s'il n'est pas certain que, simple accompagnement d'attractions et de répulsions inconscientes et automatiques, ils n'ont qu'une valeur harmonique. N'est-ce pas à d'étranges logiciens que j'ai affaire ? Quelle est ici la question, sinon uniquement de savoir si les animaux sont ou ne sont pas sensibles ? Or, quand j'apporte dans le débat, comme preuve de leur insensibilité, l'absence universelle du verbe au-dessous de l'homme, que me répond-on? Essaie-t-on de me faire voir comment l'absence du verbe peut s'expliquer autrement que par l'absence de sensibilité? Non, pas le moins du monde; mais tenant pour prouvé précisément ce qui est en question : la sensibilité des bêtes, on part de là pour affirmer que les cris des bêtes constituent un langage; comme si, leur sensibilité admise, il restait plus rien à prouver! Oui, encore une fois, elles ont un langage, si elles sentent; mais contre moi, qui prouve qu'elles ne sentent pas, nul ne prouve qu'elles sentent. On ne m'a donc pas répondu, et mon argument reste : la preuve que les animaux ne sentent pas et que leurs cris n'expriment que des attractions et des répulsions, non des jouissances et des souffrances réelles, c'est qu'ils n'ont pas de langage conventionnel : ce qui seul serait un langage incontestable.

Ils en auraient un, nous crie un autre Olibrius qui ne nous a pas écouté et n'est même pas à la question, si leur conformation comportait, comme la nôtre, l'émission de voix articulées. — Ainsi des voix articulées, bien que n'exprimant aucune pensée, ne laissent pas d'être un langage! Et les pies et les geais, à qui nous apprenons à articuler quelques mots, ne parlent pas seulement au figuré, ils parlent au propre! Nous imaginons toutefois quelque chose d'aussi fort que la philosophie qui attribue le verbe aux perroquets; ce serait celle qui le dénierait aux sourds-muets!

L'hypothèse matérialiste voudrait que le chimpanzé, qui est par son organisme un homme, en fût un aussi par son intelligence. Comment donc aucun philosophe matérialiste n'est-il tenté de nous expliquer pourquoi l'industrie des chimpanzés n'a jamais pu aller jusqu'à inventer, à l'imitation des sourds-muets, pour s'entretenir entre eux ou avec nous, quelque habile pantomime? Ce n'est pourtant pas le mobile de l'amour-propre qui manquerait à ces animaux : quelle vive satisfaction ne devrait-ce pas être pour eux de nous donner le moindre échantillon de cette philosophie surhumaine qui paraît leur être propre, et qui faisait dire à un illustre matérialiste, qu'il aimerait mieux avoir quelques minutes de conversation avec un orang-outang que des journées entières avec les plus grands philosophes du monde ! Nous ne voyons qu'une humilité toute chrétienne, qui puisse expliquer le mutisme obstiné de l'orang-outang !

Quoi ! on apprend à parler à des sourds et aveugles nés ; et quand, avec tous les moyens d'action imaginables sur un animal d'un organisme tout humain, on n'en peut non plus obtenir de conversation que d'un hanneton ou d'une libellule, tout l'univers n'en persiste pas moins à affirmer la sensibilité des bêtes !

v. — Montrons pourtant une constance digne d'un meilleur sort, et reprenons, en la résumant encore, notre argumentation :

Sensibilité ; existence d'un centre nerveux, base possible de mémoire centralisée ; état de non-isolement et de contact prolongé ; possibilité de communication réciproque de mouvements : voilà, formulées par l'auteur de *La science sociale*, les quatre conditions d'où dépend le développement du verbe, et dont le concours le provoque nécessairement.

Or, de ces quatre conditions, il en est trois, les trois dernières, qui se trouvent réunies chez une foule d'espèces animales supérieures, lesquelles pourtant ne parlent en aucune façon. Qu'est-ce donc qui leur manque pour parler, sinon la première des conditions énoncées : *la sensibilité ?*

Et encore une fois, quand ce n'est pas moins aux animaux organisés et semblables à l'homme qu'aux êtres les plus rudimentaires que manque la sensibilité, n'est-il pas *ipso facto* démontré que la sensibilité, qui n'est pas matérielle, n'étant pas un résultat de l'organisation, est nécessairement immatérialité ?

LEÇON IX

Réponse à deux objections.

« Quand une proposition, dit très justement Joseph de Maistre, est prouvée par le genre de preuve qui lui appartient, l'objection, même insoluble, ne doit pas être écoutée. »

Ce principe, toutefois, qui nous *dispense*, dans le cas déterminé, de nous préoccuper des objections, ne nous *interdit* pas, croyons-nous, d'en faire voir l'inanité. Par ce qui se peut faire ainsi de surérogation, la valeur de la vérité d'abord établie n'est pas compromise : on ne fait que la prouver une fois de plus.

C'est pourquoi il est ici deux objections auxquelles nous voulons exceptionnellement répondre.

I. — La première est l'impossibilité supposée de concilier l'éternité des âmes avec les variations incessantes de la population. Absurde, nous dit-on, qu'il existe ou qu'il meure des âmes, selon que la population augmente ou diminue, car les âmes sont éternelles ou ne sont pas ; et absurde aussi que, dans la prévision des besoins de la population la plus dense possible, il y ait de toute éternité en réserve des âmes surnuméraires, attendant les organismes auxquelles elles doivent être unies — ce sont là, en effet, deux hypothèses absurdes, et nous nous félicitons de n'avoir pas entre elles de choix à faire.

Mais elles se produisent bien gratuitement, car une fois qu'on a dit que les âmes sont éternelles, pourquoi ajouterait-on qu'elles sont toujours en même nombre ? Cette seconde proposition n'est-elle pas contenue dans la première ?

Et, comme on conçoit sans peine que pendant que la population augmente sur certains points de notre globe elle peut diminuer d'autant sur d'autres, ces compensations ne sont-elles pas, *a fortiori*, concevables entre les mondes innombrables de l'univers? C'est pourquoi, quelles que soient autour de nous les variations de la population, il est à cet égard quelque chose que nous pouvons tenir pour invariable : c'est la population de tous les mondes pris dans leur ensemble. Ainsi les âmes ne manquent pas plus aux organismes que les organismes aux âmes, leur union est éternellement continue.

II. — Abordons maintenant la prétendue difficulté relative aux conditions de la persistance de l'identité dans différentes vies successives.

C'est, on le sait, une opinion généralement reçue, grâce à quelques philosophes, que pour être dans une vie ultérieure le même qu'on est dans la vie actuelle, il faut qu'on se souvienne, dans celle-là, d'avoir été et de ce qu'on a été dans celle-ci. Autrement, entendrez-vous dire, c'est-à-dire sans le lien de la mémoire, n'y aurait-il pas autant de *moi* différents, d'*individualités* différentes que d'unions d'une même *âme* à différents organismes?

Le malheur de cette proposition, ce qui en fait un parfait non-sens, c'est qu'elle implique que les mots *moi*, *âme*, *individualité*, qui sont véritablement synonymes, expriment trois principes différents, sans dire en quoi ils diffèrent.

Quant au désir qu'on peut avoir que l'âme se souvienne dans une existence de ses existences antérieures ; si, comme nous l'avons à satiété exposé, l'âme, qui est l'être sensiblable, ne peut être sensiblée que moyennant son union à un organisme qui la modifie ; si conçue isolée elle ne sent pas et par conséquent ne pense pas, comment, ne pouvant être modifiée par ses organismes antérieurs, qui ont cessé d'être, et ne recevant de modifications que de son organisme actuel, se souviendrait-elle de ses existences passées? N'est-ce pas là une trop révoltante absurdité?

Mais, nous dira-t-on peut-être, pourquoi l'âme ne conserverait-elle pas quelque empreinte de ses sensations d'une vie antérieure? — Parce qu'il n'y a que la matière qui soit susceptible de recevoir des empreintes des chocs qu'elle subit, et que l'âme, que vous tenez, comme nous, pour immatérielle, ne peut pas être aussi matière.

L'idée d'un lien de la mémoire entre des vies successives est clairement absurde; mais une seule condition est nécessaire pour la persistance du *moi* dans autant de vies qu'on en peut imaginer : c'est qu'une même âme puisse être successivement la base de plusieurs existences, ce qui ne présente aucune difficulté. Alors il y a autant de *personnalités* différentes que d'unions d'une même âme à différents organismes. Mais l'*individualité* ou *indivisibilité*, qui est l'*âme* ou *le moi*, ne se multiplie pas par les existences qu'elle comporte, et l'individualité ou âme, A par exemple, ne laisse pas plus d'être *une* et *la même*, malgré le nombre des personnalités, dont elle est successivement la base, qu'un acteur, malgré le nombre et la variété de ses rôles, ne laisse d'être le même homme et le même acteur.

A quels points de vue, d'ailleurs, entend-on qu'il nous importe de nous souvenir de nos vies antérieures? Est-ce que c'est de ce souvenir, que dépend notre bonheur dans la vie présente? Non assurément; il y serait plutôt un éternel obstacle. Quant à la nécessité d'un mobile de mes actes, ne me suffit-il pas, pour me trouver intéressé à mériter, de savoir que tout bien-être est nécessairement une récompense, et tout mal-être un châtiment? Ne suis-je pas fondé de même, selon que je suis actuellement heureux ou malheureux, à me féliciter ou à me repentir des actes de mes vies passées qui ont déterminé mon sort actuel, et à prendre pour l'avenir des résolutions en conséquence?

Notre base d'être, c'est l'âme ; et le lien de toutes nos existences, c'est l'éternité de l'âme.

LEÇON X

Certitude et rationalité de la sanction ultra-vitale.

Nous ne sommes pas que matière; la base d'être de chacun de nous est, sous le nom d'âme, une individualité réelle, absolue, indépendante, c'est-à-dire immatérielle, éternelle. C'est pourquoi nous sommes libres et nous pensons. Il existe donc un monde moral; mais, si c'est assez de la liberté pour constituer le monde moral, l'ordre moral veut autre chose : la justice absolue ou l'harmonie éternelle entre la liberté des actes et la nécessité des événements d'où dépend la sanction.

Donc, ce qu'implique nécessairement l'éternité des âmes, ce n'est pas seulement qu'il y a pour nous une succession sans fin d'existences, mais encore que, dans chacune de ces existences, notre sort, heureux ou malheureux à différents degrés, est toujours en rapport exact avec ce qu'ont été nos mérites ou nos démérites dans des vies antérieures.

Nous avons par là une sanction complètement rationnelle : ce n'est plus, pour de faibles vertus, une béatitude sans fin, ou, pour des fautes légères, d'éternels supplices ; c'est le bien-être ou le mal-être, tel qu'il le faut, pour constituer une récompense ou un châtiment mérité.

Ce n'est pas, une fois rentré au port, après une pénible traversée, le repos définitif ; c'est seulement quelque temps de calme et de sérénité, puis de nouvelles fatigues et de nouveaux dangers, par une nouvelle série de luttes contre la fureur des vents et la fureur des flots.

C'est enfin toujours le travail et l'effort, en vue d'un salaire ; et, ce salaire consommé, le travail et l'effort en vue d'un salaire nouveau.

Chacun peut, selon son humeur et son caractère, *imaginer* telle ou telle sanction de préférence à telle autre:

que se refuserait-on, quand on n'a qu'à *imaginer* ? Mais l'esprit, en quête de la vérité, a moins de latitude ; et s'il n'admet que ce que comportent la raison et la justice, quelle sanction accepterait-il autre que celle que nous exposons ?

Que faut-il, d'ailleurs, là où les organismes seuls mourant, la base d'être est éternelle ; que faut-il, pour que le mal relatif soit le bien absolu ; pour qu'il n'y ait pas de désordres qui ne soient des éléments de l'ordre, pour que les plus grands crimes réalisent la justice parfaite, etc., sinon que la répartition des biens et des maux résultant, ceux-là de nos bonnes, ceux-ci de nos mauvaises actions, *se fasse*, je ne dis pas *soit faite*, avec une inflexible régularité ?

Tout assassinat nous inspire une trop juste horreur ; mais, si jamais on ne meurt assassiné qu'en expiation d'un crime pareil, ou équivalent, ou analogue, dont on s'était antérieurement rendu coupable, l'assassinat ne réalise-t-il pas la justice ?

De même, quelque indignation que soulève en nous le spectacle du despotisme, si dans le même temps que le despotisme est de nécessité sociale, toute population opprimée est une population qui expie, la justice et l'ordre social existeraient-ils, sans les crimes du despotisme ?

Et quand nous qualifions crimes des actes politiques qui sauvent la société, il ne faut pas croire que nous tenons un langage contradictoire. Sans doute l'homme public ne saurait, comme l'homme privé, n'avoir jamais de règles de conduite que les prescriptions de la justice absolue, *en laissant, pour le reste, faire aux dieux*, comme on dit. C'est aux chefs des nations d'aviser à ce que veut la nécessité sociale, en obéissant toujours à cette considération : que, pour que la société vive demain, il faut d'abord qu'elle vive aujourd'hui.

Mais le vrai mobile des despotes, de quelques sophismes qu'ils s'abusent eux-mêmes, n'est pas d'ordinaire l'intérêt de la société ; c'est le leur propre, l'intérêt de leur domination. Donc, s'ils sont irréprochables, *quoi qu'ils fassent* politiquement, quand ils obéissent à leur conscience, comment ne seraient-ils pas criminels par les actes mêmes auxquels la société doit son salut, quand ils leur sont inspirés par les plus mauvaises passions? Nous devons toujours exécrer les despotes, mais que d'obligations n'avons-nous pas au despotisme?

Ce n'est pas plus dans le monde physique que dans le monde moral que nous trouverions des arguments contre la réalité de l'ordre absolu. Pour que les ouragans, la foudre, les cyclones, les tremblements de terre, les éruptions volcaniques, etc., soient, au lieu de maux injustifiables et de véritables désordres, des moyens de réalisation de l'ordre, ne suffit-il pas que ces terribles fléaux n'atteignent, dans leurs personnes ou dans leurs biens, que ceux qui ont mérité d'expier sous cette forme? Est-ce que l'ordre existerait, s'il y avait jamais un malheur immérité?

— Mais cet ordre parfait, que vous affirmez et glorifiez, ne doit-il pas nécessairement être l'œuvre d'une volonté? Est-ce que des récompenses et des châtiments n'impliquent pas l'existence de quelqu'un qui récompense et châtie, c'est-à-dire d'un souverain juge, rémunérateur et vengeur? — Ainsi parlent d'honnêtes anthropomorphistes, comme s'il était bien difficile d'abord de comprendre que l'existence d'un Dieu créateur étant incompatible avec la liberté de ses créatures, le métier de ce Dieu, qui n'aurait ni jugements à rendre, ni récompenses à décerner, ni châtiments à infliger, serait une véritable sinécure; comme si en outre l'univers qui n'a pu être créé, parce que la création, qui consiste à faire quelque chose de rien, est une idée absurde, n'était pas nécessairement éternel, et éternel avec toutes les lois qui lui sont propres! Ce n'est pas par l'efficace d'une volonté que le genre humain croît et se multiplie, et que, par conséquent, il n'y a jamais disette ou surabondance d'un sexe ou de l'autre; c'est tout simplement à une loi éternelle du monde physique qu'est dû ce balancement des naissances dans les deux sexes; et c'est de même, indépendamment de toute volonté, par une loi éternelle du monde moral, que nous nous trouvons toujours, par expiation ou par rémunération, dans telles conditions que veut la justice.

Il existe une raison, une justice éternelle; et l'éternelle justice ou l'éternelle raison, — c'est tout un, — impersonnelle par essence, ne laisse pas, pour n'avoir pas d'*être*, d'être une *réalité;* c'est pourquoi nous sommes toujours ses instruments, sans cesser d'être libres. La justice éternelle n'agit pas; c'est nous qui agissons et qui, par les effets de nos actes, sommes les uns pour les autres, en dehors de toute application particulière, des rémunérateurs et des vengeurs. *Il se fait* des résultats de nos faits et gestes un arrangement par lequel tout bien-être est une récompense, tout mal-être un châtiment; et c'est cet arrangement, dont aucun être n'est l'auteur, qui est l'éternelle justice.

Un mot encore aux anthromorphistes, pour terminer : comment, dans leur système, notre individualité commençant avec cette vie, la justice se concilierait-elle avec un ordre de choses « où le méchant prospère et le juste reste opprimé », où le sort de la plupart des hommes est au rebours de leurs mérites? On nous répondrait mal, que la réparation du désordre a lieu par les traitements si différents qui nous attendent dans cette vie ultra-mondaine, dont doit être suivie notre courte vie terrestre. C'est au contraire cette seconde vie qui met le comble au désordre, car les conditions si inégales où nous nous trouvons à notre point de départ, et qui rendent la vertu si facile aux uns, si difficile aux autres, ne mettent-elles pas *ipso facto* les biens du ciel sous la main de ceux-là et hors de la portée de ceux-ci? Or quand quelques privilégiés, après toutes les douceurs si peu méritées de leur vie terrestre, ont encore à jouir, par surcroît, de toute la béatitude de la céleste demeure, les déshérités en si grand nombre, dont le sort est d'être constamment malheureux dans cette vie et dans l'autre, ne sont-ils pas fondés à se plaindre qu'il n'y ait pas plus de justice dans le ciel que sur la terre, et que, là comme ici, avec le roi d'en haut comme avec les rois d'en bas, tout ne soit qu'antipathie et passe-droit, ou préférence et favoritisme?

Mais si les inégalités de toute sorte, organiques, sociales et autres, se trouvent toujours déterminées par les actes de nos vies antérieures, elles sont toujours de justes récompenses ou des châtiments mérités. Et voilà pourquoi ce n'est que par la multiplicité des existences que l'ordre est possible.

LEÇON XI

CONCLUSION.

Pas de religion, pas de socialisme.

1. — Le temps n'est pas encore loin derrière nous où les braves gens à qui souriait le plus l'idée démocratique n'en pouvaient pourtant pas, sans un certain effroi, envisager l'avènement ; en songeant combien sont rares les vertus et les lumières sans lesquelles le peuple, égaré par ses meneurs, tombe si facilement de la liberté dans la licence, et, par celle-ci, dans les plus exécrables forfaits.

On a actuellement de tout autres préoccupations ; et, quoiqu'il ne s'agisse plus seulement de conserver au peuple sa souveraineté sacro-sainte, mais encore de fonder un ordre de choses qui donne place à tous au banquet de la vie; quoique les foules furieuses montrent le poing aux heureux quels qu'ils soient, et leur déclarent, pour cela seul qu'ils sont plus heureux, une guerre implacable, y a-t-il rien là dont s'émeuvent nos politiciens ? C'est uniquement la révolution qu'ils veulent; et, comme révolution est pour eux synonyme de massacre et de démolition, quelle serait jamais leur crainte, sinon que les masses, à qui l'on n'aurait pas ôté tout frein et tout scrupule, ne faiblissent dans l'accomplissement de leur œuvre de destruction ?

Autrement leur grande affaire, leur affaire essentielle serait-elle, comme nous le voyons, d'éteindre dans les esprits toute idée religieuse, tout sentiment religieux?

Qu'est-ce que prêcher au peuple le matérialisme, sinon lui tenir à peu près ce langage : Citoyens, la vie est courte, et la mort, dont l'heure est incertaine, n'a pas de lendemain ; hâtons-nous donc, puisque le bonheur ne s'ajourne pas, de prendre notre part de jouissance? Ne serait-ce pas à nous trop de niaiserie d'hésiter à mettre les heureux à notre place et à prendre la leur? Voilà, citoyens, la réforme ; c'est, croyez-moi, la meilleure, car c'est la plus prompte ; et vive Dieu! après nous le déluge !

Nous ne faisons certainement, en interprétant ainsi les prédications matérialistes de ceux qu'on appelait autrefois les démagogues, que rendre hommage à leur intelligence. Ils n'ont garde de penser que les scélérats qu'ils auraient rendus si ardents à démolir deviendraient tout à coup, pour la reconstruction, des modèles de sagesse et de vertu : ce n'est donc que le jour où les meneurs parleraient moralité, que leur logique se trouverait en défaut.

II. — Aussi n'est-ce qu'au petit nombre des révolutionnaires honnêtes et éclairés, qui ne sont pas d'humeur à s'attarder aux sottises criminelles d'un jacobinisme stupide et stérile, que nous pouvons désormais nous adresser. C'est seulement à ceux-là que nous demandons d'articuler leurs griefs contre l'idée religieuse. Ne serait-il pas trop déplorable que, lorsque la vérité est enfin découverte, on la repoussât pour cela seul qu'elle s'appelle du même nom qu'ont si longtemps porté l'erreur et le mensonge?

Mais ne doit-ce pas être assez, pour guérir les moins raisonnables de leurs préjugés anti-religieux, qu'une religion soit trouvée qui, pure de tout anthropomorphisme, exclue absolument toute idée de culte et ne comporte conséquemment ni temples, ni prêtres? Ainsi au moins ne craint-on plus de voir le trône sur l'autel ou l'autel sur le trône.

Nous n'oublions pas toutefois cette influence anti-politique et anti-sociale, qui fut si longtemps un vice essentiel des religions : comment les vertus civiques n'auraient-elles pas été rares, là où des hommes étaient élevés dans cette croyance paralysante : qu'on ne peut mériter le ciel que par un profond mépris de toutes les choses de la terre. Mais du moment que nous n'avons en perspective que des vies mondaines, c'est-à-dire terrestres ou analogues à la vie terrestre, par quels sophismes serions-nous amenés à négliger nos devoirs les plus essentiels, qui sont nos devoirs politiques ?

A bout de conjectures à cet égard, nous n'imaginons rien que la certitude même de l'indéfectibilité de l'ordre moral, qui pût égarer quelques malheureux aussi dépourvus de cœur que d'esprit : nous savons désormais que, quel que soit l'état social sous lequel on vit, on ne souffre que le mal qu'on a mérité, et l'on jouit de même de tout le bien-être dont on s'est rendu digne ; sans quoi l'ordre moral n'existerait pas. Mais celui-là ne serait-il pas un étrange fou, qui partirait de cette vérité pour prétendre qu'il lui est indifférent quelle soit et quelle puisse être l'organisation de la Société ? comme si ce n'était pas par nous que s'accomplissent, de la manière que nous l'avons dit, les lois du monde moral, ou que la fin pût avoir lieu sans les moyens ! Deux mots, dans tous les cas, suffisent à clore ce curieux débat : *nous ne pouvons pas être dispensés de mériter*. Donc, selon que nous nous croisons les bras devant les imperfections de notre ordre social ou que nous travaillons de toutes nos forces, et à tout risque, à l'avènement du règne de la raison et de la justice, c'est un châtiment particulier ou une récompense particulière qui nous attend.

Ce serait à nous une étrange sagesse de ne vouloir pas nous immiscer dans les affaires publiques : les conséquences de notre égoïsme, ou de notre paresse, ou de notre lâcheté, ne seraient-elles pas bientôt nécessairement de nouvelles expiations à subir ?

III. — **La religion enfin peut facilement compter avec**

nous : elle est la condition essentielle de la vie de l'humanité ; et, comme c'est par elle que l'humanité a vécu esclave et misérable, c'est par elle aussi qu'elle peut vivre heureuse et libre, selon que le comportent la nécessité et la justice dans une parfaite harmonie.

Loisible à nous de constater toute la part qu'ont eue les religions à l'établissement et à la durée de l'esclavage, du servage et du prolétariat ; nous faisons ainsi de l'histoire. Mais il serait absurde d'incriminer les religions, pour les détestables régimes par lesquels nous avons passé ; puisque, ces régimes ayant été des nécessités sociales, c'est aux religions, par quoi nous constatons qu'ils ont été possibles, que l'humanité a dû de vivre ou plutôt de ne pas mourir.

Voilà pour la justification de la religion dans le passé, et voici pour sa glorification dans l'avenir.

L'humanité, par ses souffrances actuelles, achève d'expier : n'est-ce pas ce que démontre la difficulté de vivre de nos sociétés à bout de voie et agonisantes ? Donc, ce qui est aujourd'hui de nécessité sociale, ce n'est pas l'asservissement des masses ; c'est l'émancipation universelle.

Rien toutefois ne se fait à aucun moment par miracle. Or, n'en serait-ce pas un que la rénovation sociale eût lieu sans notre transformation morale, ou que notre transformation morale ne dépendît pas de notre certitude religieuse ?

Comprenez donc bien, prolétaires, et n'oubliez jamais que si les religions vous ont asservis, ce qui seul peut vous affranchir, c'est *la* religion.

FIN.

TABLE

	Pages.
INTRODUCTION	1

PREMIÈRE PARTIE

Le monde physique

Comment la connaissance du monde moral est subordonnée à la connaissance du monde physique	1
Comment l'essence de la matière est le mouvement	2
Eternité de la matière et temporalité de toute chose matérielle	3
Comment la matière est par essence force attractive et force répulsive	4
Comment il y a matière corporelle et matière incorporelle	5
Non-réalité du contact	7
Matérialité et automatisme de la vie	8
Formation de la terre et génération des êtres parus à sa surface	9
Série continue des êtres	11
Physique et métaphysique	14

DEUXIÈME PARTIE

Le monde moral

	Pages.
Si la réalité du monde moral a besoin de démonstration.	17

LEÇON I

Elimination nécessaire, au nom de la nécessité incontestable du raisonnement, de toute idée matérialiste ou anthropomorphiste...... 18

LEÇON II

Comment les plus honnêtes fictions religieuses ne sauraient donner une véritable base à la morale...... 20

LEÇON III

Qu'est-ce que l'organisme? Qu'est-ce que l'âme? Qu'est-ce que l'homme?...... 23

LEÇON IV

Pas de raisonnement sans un raisonneur...... 25

LEÇON V

Nécessité de la dualité de l'homme : Sensibilité. — Passions. — Liberté. — Mémoire, etc...... 27

LEÇON VI

Position de la question spiritualiste.
Comment, sentir et penser étant une même chose, l'âme, qui est sensibilité, n'est immatérielle que si dans tout ce qui existe au-dessous de l'homme il y a insensibilité absolue...... 32

LEÇON VII

Réduction à l'absurde de l'hypothèse de la sensibilité des bêtes...... 34

LEÇON VIII

Preuve positive de l'insensibilité des animaux.

Comment la preuve de l'insensibilité des bêtes, d'où se déduit l'immatérialité de la sensibilité chez l'homme, c'est l'absence du verbe dans tout le monde vivant au-dessous de l'homme.. 46

LEÇON IX

Réponse à deux objections........................... 52

LEÇON X

Certitude et rationnalité de la sanction ultra-vitale.... 55

LEÇON XI

Conclusion.

Pas de religion, pas de socialisme..................... 59

---

714. — Poitiers, Imprimerie Georges Guillois, rue Victor-Hugo.

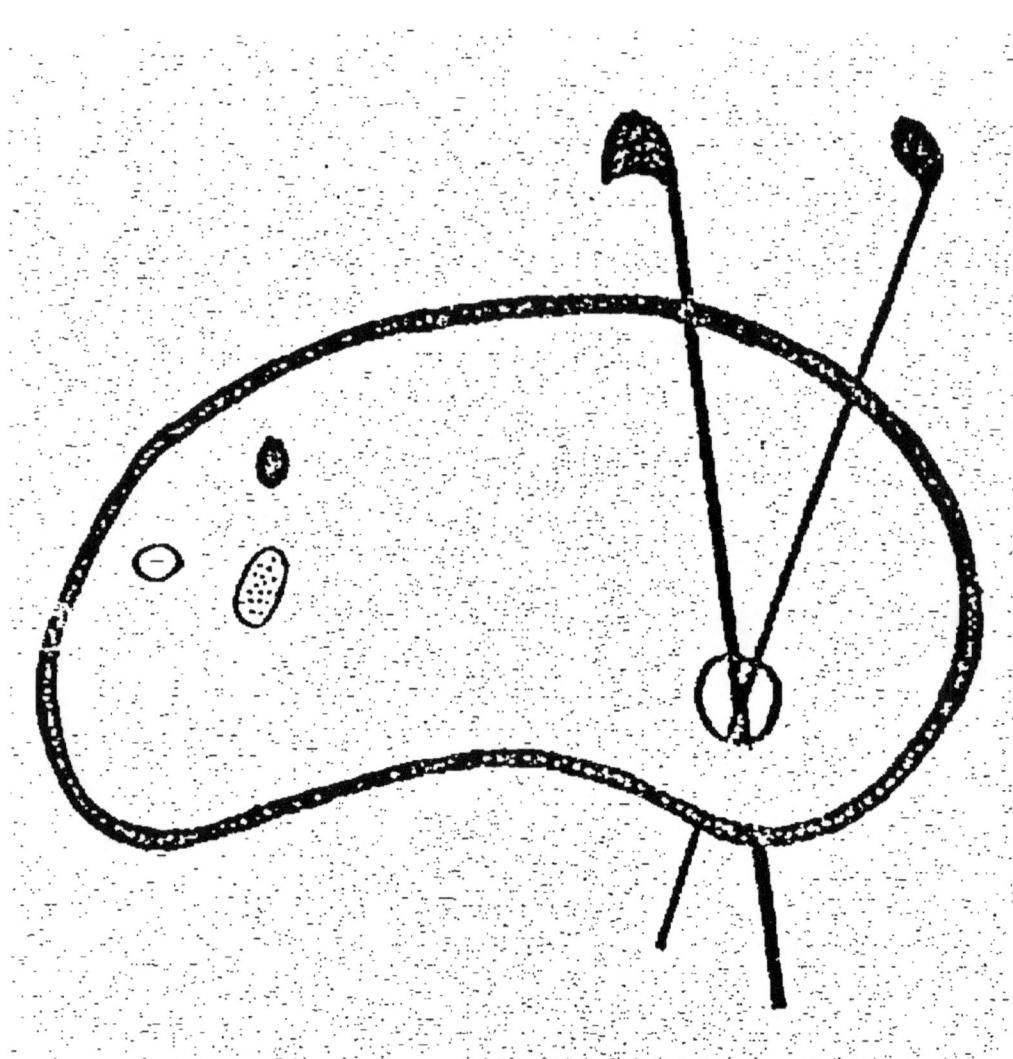

ORIGINAL EN COULEUR
NF Z 43-120-8

www.ingramcontent.com/pod-product-compliance
Lightning Source LLC
LaVergne TN
LVHW052110090426
835512LV00035B/1490